Knaur

Von Erich Bauer sind außerdem erschienen:

Der Mondplaner für Liebe, Gesundheit und Beruf
Das astrologische Gesundheitsbuch
Die Kraft der Ahnen. Familienschicksale im Horoskop
Das Reise-Horoskop. Mit den Sternen in den Urlaub

Über den Autor:

Erich Bauer, geb. 1942, war viele Jahre in therapeutischen Kliniken als Diplompsychologie und Therapeut tätig. Seit 1980 intensive Beschäftigung mit Astrologie. Studium in Indien und den USA, seit dieser Zeit Anwendung der Astrologie gemeinsam mit psychologischen Methoden.
Erich Bauer ist Chefastrologe der weltweit größten Astrologie-Zeitschrift »*Astrowoche*«, bekannt durch regelmäßige astrologische Beiträge in Zeitschriften, Radio und im Fernsehen und Verfasser zahlreicher Veröffentlichungen über Astrologie und verwandte Themen. Seit vielen Jahren betreibt er eine eigene astrologisch-therapeutische Praxis in München und führt Seminare und Einzelsitzungen zum Thema »*Astrologische Familientherapie*« durch.

Erich Bauer

Krebs

22. 6. – 22. 7.

Alles über den Krebs:
Liebe ● Gesundheit ● Beruf

Illustrationen von Isabella Roth

der Leitfaden, meine Hilfe
beim lesen:
= sehr zutreffend für mich
= mir ist wichtig
= zutrefend

■ = lesenswert = das ICH

Ich hoffe, dass hat dich
neugierig gemacht, und
du alles lesenswert
empfindest.

Knaur

> Magst du ein Spiel mit mir?
> notiere mit dem ♡ die Stellen die dir ins Auge fallen sponton, was dir bei mir wichtig ist oder verbesserungs-fähig. Vielleicht findest du Teile von mir di dir nicht so gefallen und ich könnte daran arbeiten. Dann notiere es mit einem Stern ★.
> Viel Spaß und ich freue mich auf dumuach.

Besuchen Sie uns im Internet:
www.knaur.de

Originalausgabe 2001
Copyright © 2001 Knaur Taschenbuch. Ein Unternehmen der
Droemerschen Verlagsanstalt Th. Knaur Nachf. GmbH & Co. KG, München
Alle Rechte vorbehalten. Das Werk darf – auch teilweise – nur mit Genehmigung
des Verlags wiedergegeben werden.
Redaktion: Ralf Lay
Umschlaggestaltung: Zero Werbeagentur, München
Illustrationen: Isabella Roth, Hamburg
Layout und Satz: Sabine Hüttenkofer, München
Druck und Bindung: Clausen & Bosse, Leck
Printed in Germany
ISBN 978-3-426-77545-5

10 9 8 7

Zum 2. Hochzeitstag
  ein kleiner Wunsch:
    Folge dem Herzchen ♡
Für Liliane, Barbara, Jürgen, Andrea, Marianne und Gerti
                    12.10.2009

Mein Schatz,

es mag egoistisch erscheinen
dir zur Hochzeitstag
   dieses Buch zu schenken.

Weißt du, manchmal
verändert die Zeit die
   Menschen etwas,
         aber im Grunde
haben wir einen gleichbleibenden
         Kern.
Wir werden ein Lebenlang auf
      einem Kennenlernen Pfad
sein. Ich wünsche mir, dass
du das liest, so wirst du wissen
wer ich bin (das Buch ist 100% ich)
und was mir wichtig ist.
         Kuss, deine Dolores

Die Sternzeichen des nördlichen Tierkreises bilden die Grundlage der Astrologie

INHALT

Vorwort	9
Einleitung:	
Eine kurze Geschichte der Astrologie	11
Der Ursprung	12
Die Blüte	13
Der Niedergang	14
Der Neubeginn	16
Teil I – Das Tierkreiszeichen	19
Was ist eigentlich ein Tierkreiszeichen?	21
Tierkreiszeichen Krebs – der Hintergrund	22
Ich fühle – also bin ich	23
Sonne und Mond	27
Liebe, Sex und Partnerschaft	32
Die Beziehungs- und Bindungsfähigkeit	
des Krebses	34
Ist der Krebs gut im Bett?	34
Über die Treue des Krebses …	35
So hält man Krebse bei guter Laune	36
Wie gut Krebse allein sein können	37
Der Krebsmann auf dem Prüfstand	38
Die Krebsfrau auf dem Prüfstand	40
Und so klappt's mit allen anderen	41
Gesundheit und Fitneß	49
Typische Krankheiten der Krebse	49
Wie Krebse gesund bleiben	52
Die Apotheke der Natur	53
Die richtige Diät für Krebse	53
Beruf und Karriere	56
Auf den Energiefluß kommt es an	56
Andere betüttern	57
Das Arbeitsumfeld und die Berufe	
der Krebse	60
Test: Wie »krebshaft« sind Sie eigentlich?	62

Teil II – Ihre Individualität 67
Der Aszendent und die Stellung von Mond,
Merkur & Co. – Vorbemerkung 68
Der Aszendent 69
Die Ermittlung des Aszendenten 70
Die Aszendenten der Krebse 76
Das Mondhoroskop – Ihre Gefühle 89
Die Ermittlung des Mondzeichens 92
Die Mondzeichen der Krebse 96
Das Merkurhoroskop – schlau, kommunikativ
und göttlich beraten sein 111
Die Ermittlung des Merkurzeichens 112
Die Merkurzeichen der Krebse 115
Das Venushoroskop – Ihre Liebesfähigkeit 118
Die Ermittlung des Venuszeichens 120
Die Venuszeichen der Krebse 122
Das Marshoroskop – potent, aktiv, erfolgreich
und männlich sein 128
Die Ermittlung des Marszeichens 129
Die Marszeichen der Krebse 131
Das Jupiterhoroskop – innerlich und
äußerlich reich und erfolgreich sein 143
Die Ermittlung des Jupiterzeichens 145
Die Jupiterzeichen der Krebse 146
Das Saturnhoroskop – zum leuchtenden
Diamanten werden 159
Die Ermittlung des Saturnzeichens 160
Die Saturnzeichen der Krebse 162

Info: Ihr professionell errechnetes Horoskop 175

VORWORT

Astrologie ist eine wunderbare Sache.
Sie verbindet den Menschen mit dem Himmel, richtet seinen Blick nach oben in die Unendlichkeit. Vielleicht steckt hinter der Beschäftigung mit Astrologie zutiefst die Sehnsucht nach unserem Ursprung, unserem Zuhause, nach Gott – oder wie immer man das Geheimnisvolle, Unbekannte nennen will.

Astrologie ist uralt und trotzdem hochaktuell.
Die ersten Zeugnisse einer Sternenkunde liegen Tausende von Jahren zurück. Und dennoch ist sie brandneu. Es scheint, als hätte sie nichts von ihrer Faszination eingebüßt. Natürlich hat sich die Art und Weise astrologischer Beschäftigung verändert. Während früher noch der Astrologe persönlich in den Himmel schaute, studiert er heute seinen Computerbildschirm. Damals konnte man nur von einem Kundigen eingeweiht werden, heute finden sich beinahe in jeder Zeitung astrologische Prognosen.

Astrologie ist populär.
Jeder kennt die zwölf Tierkreiszeichen. Man kann eigentlich einen x-beliebigen Menschen auf der Straße ansprechen und ihn nach seiner Meinung befragen: Er weiß fast immer Bescheid, sowohl über sein eigenes Sternzeichen als auch über die meisten anderen. Die zwölf astrologischen Zeichen sind Archetypen, die im Unterbewußtsein ruhen und auf die man jederzeit zurückgreifen kann.

Astrologie schenkt Sicherheit.
Der einzelne findet sich eingebettet in einer gütigen und wohlwollenden Matrix, ist aufgehoben, hat seinen Platz, so wie auch alle anderen ihren Platz haben.

Astrologie kann gefährlich sein.
Sie kann sowohl den Astrologen wie auch seine Klienten dazu verleiten, sich aus der Wirklichkeit auszublenden. Ersterem scheint sie ein schier perfektes System zu liefern: Konstellationen, die sich auf Bruchteile von Sekunden berechnen lassen, blenden und machen

glauben, man habe es mit einer exakten Wissenschaft zu tun. Genau das ist aber falsch. Die Astrologie ist viel eher eine Kunst oder eine Philosophie als eine Naturwissenschaft. Ihre Vorhersagen sind immer nur ungefähr, zeigen eine Möglichkeit, geben aber keine Garantie. Astrologen wie Ratsuchende driften, wenn sie nicht achtgeben, leicht in eine Pseudowelt ab. In ihr ist zwar alles in sich stimmig, allein es fehlt am validen Bezug zur Wirklichkeit.
Ich bin Astrologe aus Passion. Ich lebe in dieser Welt, aber ich weiß auch, daß sie nicht alles offenbart. Ich freue mich, die Gestirne als Freunde zu haben, und glaube, daß ich so mein Schicksal gütig stimme. Das ist eine Hoffnung, kein Wissen.

Ist Astrologie dann ein Religionsersatz?
Vielleicht. Aber genausogut könnte man auch die Religionen als einen Ersatz für Astrologie bezeichnen. Die Sterne waren jedenfalls zuerst da. Ich betrachte die Planeten wie »Götter«. Aber das tue ich nur, um die Würde zum Ausdruck zu bringen, die ihnen nach meiner Meinung zu eigen ist. Ich weiß jedoch auch, daß sie nicht der Weisheit letzter Schluß sind. Dahinter existiert noch etwas Größeres, Mächtigeres, Unfaßbares.
Am meisten begeistert mich, daß mir die Astrologie die Augen geöffnet hat für die Vielfalt des Lebens. Man neigt doch so sehr dazu, die Welt als einen Teil von sich selbst zu erleben, entweder passend oder nicht – richtig oder falsch. Mit Hilfe der Astrologie habe ich erfahren, daß es verschiedene Prinzipien gibt und damit auch ganz verschiedene Menschen.

Ich wünsche Ihnen beim Lesen Spaß, Spannung, etwas Skepsis – und daß Sie sich selbst und andere besser verstehen.

Erich Bauer im Frühjahr 2001

EINLEITUNG

Eine kurze Geschichte der Astrologie

Am Anfang jeder Geschichte der Astrologie steht das Bild des nächtlichen, mit Sternen übersäten Himmels. Der Mensch früherer Zeiten hat ihn sicher anders erlebt als wir. Er wußte nichts von Lichtjahren und galaktischen Nebeln. Er erschaute das Firmament eher vergleichbar einem Kind. Und als Kind der Frühzeit sah er sich nicht, wie wir heute, als getrennt von diesem Himmel, sondern als eins mit ihm. Er fand sich in allem und fand alles in sich. Und er folgte dem Rhythmus dieses großen Ganzen, ähnlich wie ein Kind seiner Mutter folgt. Dabei fühlte er sich wohl getragen und geborgen.
Wann die Menschheit anfing, sich aus diesem Gefühl der Allverbundenheit zu lösen, ist schwer zu sagen. Die überlieferten Zeichen sind rar und rätselhaft. Aber als der Homo sapiens begann, die Sterne zu deuten, war er dem großen Ozean seit Äonen entstiegen, er sah sich und den Himmel längst als getrennte Einheiten. Doch kam es irgendwann dazu, daß der Mensch Beziehungen zwischen den Sternbildern und dem Leben auf der Erde wiederentdeckte, deren Kenntnis er eigentlich schon immer besaß. Beispielsweise erlebte er, daß ein Krieg ausbrach, während am Himmel ein Komet auftauchte und die normale Ordnung der Sterne störte. Oder er empfand großes Glück, während sich am Himmel zwei besonders helle Lichter trafen. Er begann solch auffällige Lichter mit Namen zu versehen: »Helios« beispielsweise – oder »Jupiter«, »Mars« oder »Venus«. Er ging sogar dazu über, bestimmte Sterne als Gruppen (Sternbilder) zusammenzufassen und ihnen Namen zu geben, etwa »Widder« oder »Großer Wagen«. Immer wieder beobachtete er typische Gestirnskonstellationen, die parallel zu markanten Ereignissen auf der Erde auftraten. Nach den Gesetzen der Logik entwickelte er aus diesen Zusammenhängen mit der Zeit eine Wissenschaft, die Astrologie, die ihm zum Beispiel die Schlußfolgerung erlaubte, daß auf der Erde Gefahr droht, wenn Mars in das Tierkreiszeichen Skorpion eintritt. So fand der Mensch allmählich seine verlorene Einheit wieder und baute eine Brücke, die ihn mit seinem Urwissen verband, das er im Inneren seiner Seele aber nie wirklich verloren hatte.

DER URSPRUNG

Die Urheimat der Sternkunde war nach heutigem Erkenntnisstand Mesopotamien, das Land zwischen den Flüssen Euphrat und Tigris, das jetzt »Irak« heißt. Dort war der menschliche Geist wohl am kühnsten und vollzog als erster endgültig die Trennung zwischen Mensch und Schöpfung. Die Sterne am Himmel bekamen Götternamen, etwa den des Sonnengotts Schamasch und der Göttin Ischtar, die auch als Tochter der Mondgöttin verehrt wurde und die sich als leuchtender Venusstern offenbarte. Da der Mond, die Sonne und einige andere Lichter im Vergleich zu den Fixsternen scheinbar wanderten, nannte man diese Planeten »umherirrende« oder »wilde Schafe« und unterschied sie von den »festgebundenen« oder »zahmen Schafen« – den Fixsternen, die vom Sternbild Orion, dem »guten Hirten«, bewacht wurden. Der größte Planet des Sonnensystems, mit heutigem Namen »Jupiter«, war im Land zwischen den zwei Strömen ein Sinnbild des Schöpfergottes Marduk. Sein Sohn und Begleiter hieß »Nabu« und wurde später zu »Merkur«. Das rötlich funkelnde Gestirn Mars wiederum war die Heimat des Herrn der Waffen, der genauso als Rachegott angesehen wurde. Saturn war ebenfalls bereits entdeckt worden und wurde als eine »müde Sonne« betrachtet. Außerdem galt er als Gott der Gerechtigkeit, Ordnung und Beständigkeit. Gemeinsam mit anderen Göttern erhob sich schließlich der Rat der zwölf Gottheiten, und damit hatten auch die zwölf verschiedenen astrologischen Prinzipien ihren Auftritt. Zu all diesen Erkenntnissen kam man im Zweistromland etwa zwischen dem 7. und 4. vorchristlichen Jahrhundert.

Man hat Tafeln aus dem 2. Jahrhundert vor Christus gefunden, auf denen Beobachtungen über den Lauf von Sonne, Mars und Venus eingezeichnet waren. Auch Zeugnisse von ersten Geburtshoroskopen stammen aus dieser Zeit. Im Jahr 1847 wurden bei den Ruinen von Ninive 25 000 Tontafeln ausgegraben. Man datierte sie ins Jahr 600 vor Christus. Auf einem Teil dieser Tafeln befinden sich Weissagungen, die, mit etwas Zeitgeist aufgefrischt, ohne weiteres der astrologischen Seite einer modernen Tageszeitung entstammen könnten: »Wenn Venus mit ihrem Feuerlicht die Braut des Skorpions beleuchtet, dessen Schwanz dunkel ist und dessen Hörner hell leuchten, so wird Regen und Hochflut das Land verwüsten.«

Das ist eine »professionelle« astrologische Vorhersage. Damit war Spezialistentum an die Stelle einer ganzheitlichen Naturerfahrung getreten. Denn inzwischen hatte nur der fachkundige Astrologe die Zeit und das Wissen, den Himmel zu studieren, um daraus Rückschlüsse auf die Ereignisse im Weltgeschehen zu ziehen. Bald mußte dieser Fachmann auch nicht einmal mehr den Himmel selbst beobachten. Spätestens im 1. Jahrhundert vor Christus gab es Ephemeriden. Das sind Bücher, aus denen die Stellung der Gestirne zu jeder beliebigen Zeit herausgelesen werden kann. Die Astrologie, wie sie auch heute noch betrieben wird, war damit endgültig geboren.

DIE BLÜTE

In den nun folgenden anderthalbtausend Jahren erlebte die Astrologie eine Blütezeit kolossalen Ausmaßes. Dafür steht ein so bedeutender Name wie Claudius Ptolemäus. Er lebte im 2. Jahrhundert nach Christus und vertrat das geozentrische Weltbild mit der Erde im Mittelpunkt, auf das sich die Menschheit nach ihm noch länger als ein Jahrtausend beziehen sollte. Er war Geograph, Mathematiker und ein berühmter Astrologe und Astronom, der das bis in unsere Zeit fast unveränderte Regelwerk der Astrologie, den *Tetrabiblos*, welcher aus vier Büchern besteht, verfaßte. Darin riet er zu einer sorgfältigen Gesamtschau des Geburtshoroskops. Er erwähnte auch, daß man bei der Beurteilung eines Menschen ebenso dessen Milieu und Erziehung berücksichtigen solle, was einer modernen ganzheitlichen psychologischen Betrachtungsweise entspricht.
Eine spätere Berühmtheit in der Geschichte der Astrologie war Philippus Theophrastus Bombastus von Hohenheim (1493–1541), der sich selbst stolz Paracelsus nannte. Er war Arzt, Alchimist sowie Philosoph, und von ihm stammt jener von Astrologen so viel zitierte Satz: »Ein guter Arzt muß immer auch ein guter Astronomus sein.« Dazwischen lebte der Bischof Isidor von Sevilla (560–636). Er schrieb, ein Arzt solle immer auch sternkundig sein. Erwähnt werden muß natürlich die berühmte weibliche Vertreterin einer sternenkundigen Heilkunst, Hildegard von Bingen (1098–1179). Sie war fasziniert von den Analogien zwischen Himmel und Erde, sammelte Kräuter, pflanzte sie im Klostergarten an und schrieb über die Wirkung der Mondphasen. Natürlich war die heilige Hildegard nicht der einzige weibliche astrologisch denkende Mensch. Aber ihr Name sei hier stellvertretend genannt für

all die Frauen, die als Tempelpriesterinnen, Nonnen und angebliche Hexen ihr ganzheitliches Wissen über die Jahrhunderte hinweg weitergegeben haben.

Bis ins 16. Jahrhundert dauerte die Hoch-Zeit der Astrologie. Beinahe alle angesehenen Denker – wie Platon und Aristoteles im Altertum, Naturwissenschaftler wie Nikolaus Kopernikus (1473–1543), Johannes Kepler (1571–1630) und Galileo Galilei (1564–1624) – dachten astrologisch und berechneten auch Horoskope. Am bekanntesten ist das von Kepler angefertigte Horoskop Wallensteins aus dem Jahr 1608. Die Astrologie wurde an den Universitäten gelehrt, und auch viele Bischöfe und einige Päpste förderten die Sternkunde. Wie es heute selbstverständlich ist, daß ein Naturwissenschaftler Einsteins Relativitätstheorie kennt und versteht, so war damals jeder denkende Kopf in der Astrologie bewandert.

DER NIEDERGANG

Bereits Ende des 16. Jahrhunderts hatte die Astrologie ihren guten Ruf in vielen Ländern Europas verloren. Es gab päpstliche Anordnungen wie die Bulle »Constitutio coeli et terrae« von 1586, in der ein Verbot der Astrologie ausgesprochen wurde, und die meisten Universitäten schafften ihren Lehrstuhl für Astrologie ab.

Worauf war dieser rapide Niedergang zurückzuführen? Es gibt sicher zahlreiche Gründe. Der wichtigste ist, daß sich der menschliche Geist von den Fesseln tradierter Vorstellungen zu befreien begann. Er löste sich mit der Reformation von Rom und später mit der Französischen Revolution von seinen königlichen und kaiserlichen »Göttern«. Da war es nur konsequent, sich auch von den »Göttern am Himmel« loszusagen. Der zweite Grund war der, daß sich im Laufe der Zeit grobe Fehler astrologischer Vorhersagen herumsprachen. So hatte es wohl keine Prophezeiung gegeben, die den Dreißigjährigen Krieg oder die Pest rechtzeitig in den Sternen sah. Der dritte Grund wird häufig von den professionellen Astrologen angeführt. Sie behaupten, daß die falschen Propheten, also die unseriösen Astrologen, der wahrhaften Sterndeutekunst das Aus bescherten. Eine Kunst wie die Astrologie lockt natürlich auch faustische Gestalten an, die davon besessen sind, dem Schicksal einen Schritt voraus zu sein. Solche Schwarmgeister

Die 1524 prophezeite Sintflut aufgrund einer Planetenballung im Fischezeichen fand nicht statt

und falsche Propheten haben der Astrologie bestimmt geschadet, besonders auch, weil durch die Erfindung der Buchdruckerkunst jede selbst noch so törichte Prophezeiung in einer hohen Auflage verbreitet werden konnte. Aber den guten Ruf der Astrologie haben letztlich auch sie nicht ruiniert.

Nein, es waren die Astrologen selbst. Als im 16. und 17. Jahrhundert durch immer neue Entdeckungen die Erde ihre zentrale Stellung verlor und sich ein völlig neues naturwissenschaftliches Verständnis durchsetzte, versuchte die Astrologie mitzuhalten und verlor wegen ihrer unhaltbaren Thesen jeden Kredit in den gelehrten Kreisen. Schon Kepler, der seiner Zeit um Jahrzehnte voraus war, hatte die Astrologen gewarnt und ihnen geraten, ihre Kunst nicht auf einen naturwissenschaftlichen, sondern auf einen philosophischen Boden zu stellen. Er sagte, es sei unmöglich, zu denken, daß die Sterne mittels irgendwelcher Strahlungen die menschliche Seele berühren könnten. Er sprach in diesem Zusammenhang von einem astrologischen Instinkt, der im menschlichen Geist verankert sei. Aber sein »psychologischer Ansatz« wurde überhört und ging schließlich völlig unter. Die Astrologen sahen sich im Gegenteil dazu veranlaßt, immer hanebüchenere »wissenschaftliche« Thesen aufzustellen. Die Folge war ein gewaltiges Gelächter der gesamten gelehrten Welt im 17. Jahrhundert, das bis heute noch nicht verklungen ist.

DER NEUBEGINN

Erst im 19. und dann besonders im 20. Jahrhundert besann sich der Mensch wieder vermehrt seiner fernen Vergangenheit. Der Schweizer Psychoanalytiker C. G. Jung etwa sagte, daß die Astrologen endlich darangehen müßten, ihre Projektionen, die sie vor Jahrtausenden an den Himmel geworfen hätten, wieder auf die Erde zurückzuholen. In jeder menschlichen Seele seien die Kräfte der astrologischen Archetypen, der archaischen Urbilder, enthalten und dort wirksam. So wird der Raum am Himmel mit den Zeichen und Planeten zu einer Landkarte menschlicher Anschauung. Dabei ist es nicht so, daß zum Beispiel der Planet Mars die Geschicke *bestimmt*, sondern er *zeigt* durch seine Position den Gesetzen der Analogie folgend *auf*, was in der menschlichen Seele vor sich geht.

Nach seiner jahrtausendelangen Reise heraus aus der Allverbundenheit hat der Mensch also begonnen, den Bezug zu seinen Ursprüngen wiederherzustellen. Er besinnt sich als kritischer und freier Geist darauf, was schon immer in ihm vorhanden war. Damit beginnt die Ära einer psychologischen oder philosophischen Astrologie. Und das ist auch die Geburtsstunde einer Astrologie, die ganzheitlich denkt und arbeitet.
In etwa parallel zu dieser allmählichen Hinwendung zur Psychologie und Philosophie übernahmen Computer mit entsprechender Software den komplexen Rechenvorgang zur Erstellung eines Geburtshoroskops. Bis vor vielleicht zehn, zwanzig Jahren gehörte es zum Standardkönnen eines jeden Astrologen, Horoskope zu berechnen und zu zeichnen. Dies ist sehr wahrscheinlich einer der Gründe, warum Frauen unter den Sterndeutern damals deutlich in der Minderzahl waren. Es ist einfach nicht ihr Metier, sich mit trockenen Zahlen und komplizierten Berechnungen herumzuschlagen, wo es doch um seelische Vorgänge geht – und diese Feststellung ist in keiner Weise abwertend gemeint, denn heute sind Frauen unter den Astrologen bei weitem in der Überzahl.
Der PC spuckt nach Eingabe von Name, Geburtsdatum, -ort und -zeit in Sekundenschnelle das Horoskop aus. Die astrologische Kunst scheint jetzt »nur« noch darin zu bestehen, die Konstellationen richtig zu deuten. Und auch hier ersetzt der Computer mehr und mehr den Astrologen. Es gibt schon seit einigen Jahren Programme, die mit entsprechenden Textbausteinen zu bemerkenswert treffenden Aussagen kommen. Ist dies nun das Ende der Sterndeuter? Ich meine: im Gegenteil! Überlassen wir dem »Computer-Astrologen« ruhig die Grundarbeit. Das spart Zeit. Dafür kann der »Mensch-Astrologe« die einzelnen Fakten im Sinne einer ganzheitlichen Schau zusammentragen und sich völlig dem Verständnis der einmaligen, individuellen Persönlichkeit widmen. Ebendafür ist ein großes Maß an Intuition, die ja gerade eine weibliche Stärke ist, mit Sicherheit von Vorteil.

Teil I **DAS TIERKREISZEICHEN**

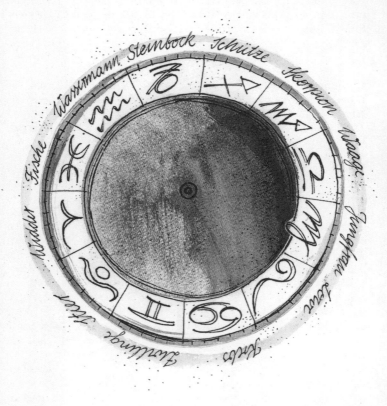

Der astrologische Tierkreis besteht aus zwölf Tierkreiszeichen

WAS IST EIGENTLICH EIN TIERKREISZEICHEN?

Die Erde dreht sich bekanntlich einmal im Jahr um die Sonne. Von uns aus gesehen, scheint es aber so zu sein, daß die Sonne eine kreisförmige Bahn um die Erde beschreibt. Der Astrologie wird vielfach vorgeworfen, sie ignoriere diesen grundlegenden Unterschied. In Wirklichkeit ist er für die astrologischen Berechnungen und Horoskopdeutungen jedoch nicht von Bedeutung.

Diesen in den Himmel projizierten Kreis nennt man »Ekliptik«. Die Ekliptik wird in zwölf gleich große Abschnitte gegliedert, denen die Namen der zwölf Tierkreiszeichen zugeordnet sind. Zwischen dem 22. Juni und 22. Juli durchläuft die Sonne gerade den Abschnitt Krebs, weswegen dieses Tierkreiszeichen auch Ihr »Sonnenzeichen« genannt wird.

Jedes Tierkreiszeichen symbolisiert bestimmte Charaktereigenschaften und Verhaltensweisen, die mehr oder weniger typisch für die in dem betreffendem Zeitraum geborenen Menschen sind. Wie schon im Vorwort angedeutet wurde, handelt es sich bei diesen Archetypen allerdings nur um *einen* Aspekt der Persönlichkeit, der durch die Aussagen ergänzt bzw. beeinflußt wird, die sich herleiten von dem individuellen Aszendenten und der Tierkreiszeichen-Stellung der anderen Planeten zum Zeitpunkt der Geburt (dazu später mehr). Für ein wirklich aussagekräftiges Horoskop müssen Sie also auch die übrigen Konstellationen berücksichtigen und sie mit Ihrem Sonnenzeichen in Beziehung setzen.

Ebenso wie der Kreislauf des Jahres wird die Bahn, welche die Sonne an einem Tag scheinbar um die Erde zurücklegt, in zwölf Abschnitte gegliedert. So können etwa Ihr Aszendent und damit der Anfang des ersten Hauses sowie die Mondposition gefunden werden.

In diesem Buch werden nicht alle, aber die wichtigsten Horoskopfaktoren sowie ihre Ermittlung und Bedeutung besprochen. Wenn Sie darüber hinausgehende Informationen wünschen, finden Sie eine Fülle spezieller Fachliteratur dazu. Die genauen Gestirnspositionen zum Zeitpunkt Ihrer Geburt können Sie zum Beispiel den vom Computer errechneten Horoskopzeichnungen entnehmen, die inzwischen von vielen Anbietern verschickt werden (siehe auch die Info am Ende des Buches).

Doch beginnen wir jetzt mit der Betrachtung Ihres Sonnenzeichens, um zunächst einmal herauszufinden, was denn nun »typisch Krebs« ist.

Tierkreiszeichen Krebs – DER HINTERGRUND

Der astrologische Tierkreis beginnt mit dem Widder. Er steht am Anfang, und er symbolisiert tatsächlich einen Neubeginn. Stellen Sie sich ein Ei vor, das gerade aufbricht, aus dessen Innerem sich ein neues Wesen mit aller Kraft nach außen, hinaus in das Leben drängt. Dann bricht die Schale, das neue Lebewesen nimmt seinen ersten tiefen Atemzug und beginnt den Raum zu erobern. All das gehört zum Tierkreiszeichen Widder: aufbrechen, sich ausdehnen, erobern, einnehmen.

Irgendwann wird unser Neugeborenes vielleicht einen bestimmten Platz als seinen eigenen erleben und durch entsprechende Vorkehrungen wie Markierungen oder Abgrenzungen versuchen, ihn zu seinem Revier, seinem Eigentum zu erklären. Damit haben wir das zweite astrologische Prinzip, nämlich Stier: absichern, Fuß fassen, Raum nehmen, schützen, bewahren, sammeln, aneignen, besitzen. Das dritte Prinzip, Zwillinge, wirkt in dem Augenblick, an dem unser fingiertes Wesen anfängt, andere Lebewesen wahrzunehmen und mit ihnen Kontakt aufzunehmen. Eine erste soziale Realität entsteht. Sie ist getragen von gegenseitiger Anziehung und Abstoßung, Lustgewinn und Vermeidung von Angst. Die Zwillingerealität kann man – idealtypisch – am besten mit dem Spiel von Kindern vergleichen. Sie sind völlig in Kontakt miteinander, der jedoch bei der kleinsten Störung oder Unstimmigkeit abgebrochen wird und sich in Auseinandersetzung und Streit verkehrt: Das ist noch keine soziale, reife, von gegenseitigem Respekt getragene Beziehung oder gar Partnerschaft.

ICH FÜHLE – ALSO BIN ICH

Mit dem vierten Zeichen, dem Krebs, beginnt eine völlig neue symbolische Seinsebene: Jetzt geht es nicht mehr um die Eroberung, Inbesitznahme und die Erforschung des äußeren, sondern des inneren Raumes. Der Krebs ist das erste Wasserzeichen im astrologischen Tierkreis. Man kann daher in Bildern gesprochen sagen: Der Mensch, der sich bisher das Feuer (Widder) zu eigen gemacht, sich dann die Erde (Stier) angeeignet und zuletzt das Element Luft (Zwillinge) erobert hat, steht beim Abschnitt Krebs vor dem Wasser. Begibt er sich hinein, betritt er diese geheimnisvolle Welt, in der die Seele »wohnt«. Er beginnt eine Reise in sein Inneres, ins Land der Träume, Mythen und Märchen und damit in das Reich der Flüchtigkeit.
Wasser kann man fühlen, ja sogar kosten, aber es hat keine eigene Form, sondern fügt sich jedem Behältnis, füllt das Flußbett und ergießt sich schließlich ins weite Meer. Wasser ist in der Astrologie und in allen anderen esoterischen Anschauungen ein Bild für die Seele. Also müssen wir uns die Seele so ähnlich wie Wasser vorstellen: Wir können sie – bildlich – »ertasten«, sie sogar »kosten«, aber sie rinnt davon, schmiegt sich in jede Form und verströmt sich irgendwann im Unbestimmten.
Krebsmenschen sind Seelentaucher. So wie der Widder den äußeren Raum erobern will und mit jedem in der Außenwelt errungenen Sieg seine Bestimmung erfüllt, so tauchen Krebse in den Raum der Seele. Eine berühmte Krebspersönlichkeit war Hermann Hesse. In allen sei-

nen Erzählungen und in vielen seiner Gedichte ist diese Suche nach der Seele zu spüren. Man denke an das *Glasperlenspiel* oder *Narziß und Goldmund*. Hesse zu lesen heißt, in eine andere Wirklichkeit zu tauchen. Sie befindet sich nicht auf einem anderen Planeten, nicht einmal in einem anderen Land. Sie beginnt unmittelbar im eigenen Selbst.
Ein anderer Krebs war Marcel Proust. Nach dem Tod seiner Mutter zog er sich wegen seines schweren Asthmaleidens fast völlig aus der Gesellschaft zurück. Er verbrachte den Rest seines Lebens überwiegend in einem schalldichten, mit Korkplatten isolierten Raum am Pariser Boulevard Haussmann. Dort widmete sich Proust über fünfzehn Jahre lang dem siebenteiligen Romanzyklus *Auf der Suche nach der verlorenen Zeit*. Sowohl das Thema seines Romans wie die Art der Entstehung sind sozusagen »klassisch Krebs«.
Der berühmte Maler und Krebsgeborene Rembrandt zeigte im 17. Jahrhundert eine andere Seite von Krebsen: ihre fortwährende Selbstbespiegelung. Seine genialen Bilder lassen auf ein komplexes Verständnis der menschlichen Seele schließen, aber seine zahlreichen, teilweise phantastischen oder mythologisch überhöhten Selbstporträts zeugen auch von einem lodernden Interesse an sich selbst.
Der sogenannten Realität stehen Krebse mißtrauisch gegenüber. Was im Alltagsleben so passiert, das kann für sie einfach nicht alles sein! Märchen, Träume, Poesie, ein Gemälde, Musik, Ahnungen, Phantasie – sind dies nicht ebenso Wirklichkeiten? Man denke an den Song »Morning has broken« des Krebsmusikers Cat Stevens (der irgendwann »untergetaucht« ist und für Außenstehende unvorhergesehen ein überzeugter Moslem wurde). Man denke an die »Tragische« des Komponisten und Krebses Gustav Mahler oder den Film »La belle et la bête« (»Es war einmal«) des Regisseurs Jean Cocteau, ebenfalls ein Krebs.
»Wenn ich nicht träume, bin ich nicht ...!« – das ist Krebsphilosophie! Jeder typische Krebsgeborene ist regelrecht »süchtig« nach diesem Raum der Phantasie und der Gefühle. Er braucht nur die Augen zu schließen, um in ihm zu sein. Er muß lediglich innehalten, um darin zu versinken, ein Buch lesen, Musik hören, ein Bild betrachten ... Ja, er schwelgt in diesen Räumen. Er braucht sie – so wie richtige Krebstiere hauptsächlich das Wasser benötigen.
Erinnern Sie sich auch, wie schnell und plötzlich Sie selbst »abtauchen« können? Denken Sie kurz darüber nach, wie häufig hat man Ihnen schon vorgeworfen, Sie seien nicht richtig da ...?

Ich traf einst eine Krebsgeborene und gute Bekannte von mir auf der Straße. Sie lief an mir vorbei, höchstens zwei, drei Meter entfernt. Ihre Augen nahmen zwar auf, was um sie herum geschah, aber nur so weit, daß sie die Orientierung nicht verlor. In ihren Gedanken war sie ganz woanders. Vielleicht hat sie in diesem Augenblick – in ihrer Welt – an mich gedacht (das hat sie wenigstens später behauptet, als wir uns wieder einmal trafen), aber sie hat mich nicht »wirklich« gesehen. Das ist jedenfalls typisch für Krebse.

Jeder Mensch taucht nachts in seine Krebswelt, in das Reich der Träume, des Unbewußten, der Phantasie. Krebse befinden sich jedoch auch während des Tages immer an der Grenze zu dieser Dimension – und treten leichten Trittes hinüber und ebenso leicht wieder zurück.

Zuweilen verschwinden sie jedoch für längere Zeit in ihrer Welt: Wenn ein Krebs sich in sein Inneres zurückzieht und unerreichbar ist, kann das die Menschen in seinem Umfeld mitunter zur Verzweiflung bringen. Tagelang schaffen sie es, sich zu verkriechen, sind da und dennoch nicht anwesend. Dann verdauen Krebse das »normale« Leben.

Der Krebs liebt es, sich selbst zu entdecken

Sie brauchen das. Krebse sind auch Seelenwächter. Sie müssen die Außenwelt seelisch verarbeiten, und sie müssen protestieren, wenn ihnen dies nicht mehr möglich ist.

Vertreter anderer Tierkreiszeichen können üble Zustände verdrängen oder sonstwie aus ihrem Leben ausschließen. Ein Krebs nicht. Er muß die sogenannte Wirklichkeit seelisch verdauen. Und wenn sie ihm aufstößt, ist das ein sicheres Zeichen dafür, daß etwas nicht mehr stimmt. Rastet ein Krebskind aus oder zieht es sich über Tage in sein Zimmer zurück, ißt es nicht mehr und tut es wirre Dinge – dann empfindet es seine Umgebung als seelisch nicht mehr tragbar. Wenn ein erwachsener Krebs gemütskrank wird, dann heißt das klipp und klar, daß entweder die berufliche oder die private Situation ungenießbar geworden ist. Verläßt ein Krebs seine Beziehung oder kündigt er seinen Job, ist das ein überdeutliches Alarmsignal. Krebse sind keine Ratten, die das sinkende Schiff zuerst verlassen, eher ist der Krebs der Kapitän, der als letzter von Bord geht. Aber wenn er geht, hat das Schiff ein irreparables Leck!

Krebse sind auch in einer weiteren Hinsicht dem Wasser vergleichbar. Sie können sich jeder Form anpassen. Ja, ihre Lebensaufgabe besteht gerade darin, die Welt draußen, die sogenannte Wirklichkeit, mit Seelischem zu füllen. Wenn ein Krebs ein kleines Kind auf den Arm nimmt, wird er selbst zum Kind, lallt zuckersüße und unzusammenhängende Laute, sagt wahrscheinlich: »Du, du, du ...« und »Dä, dä, dä ...« und anderes für erwachsene Menschen »alberne« Zeug. Betritt derselbe Krebs das Zimmer des Chefs, der ihn gerufen hat, weil etwas nicht stimmt, dann erstarrt er schon an der Tür, wird innerlich kalt und steif, so als würde er gleich liquidiert werden. Sitzt der Krebs im Fußballstadion und seine Mannschaft hat gerade ein Tor geschossen, dann wird er mit der tosenden Menge von seinem Sitz aufspringen und so laut »Toooooor« schreien, daß es ihm schier die Lungen zerreißt. Wohlverstanden, es handelt sich hier nicht um eine solche Form der Anpassung, wie das bei der Jungfrau der Fall ist, sondern um ein Mitgehen und Mitschwingen.

Der Krebs bringt das seelische Prinzip zum Ausdruck. Wenn es Traurigkeit ist, dann wird der Krebs Bäche von Tränen weinen (in einer Hollywoodschmonzette, in der der Held in den Armen seiner Geliebten stirbt, kann man Krebse daran erkennen, daß sie am lautesten schluchzen – und wenn das Kino gleich nach dem seligen Dahinscheiden des Helden zu Ende ist, an den rötesten Augen). Ist die Stimmung fröhlich, dann lachen Krebse lauter als alle anderen, lauter als Kinder. Manchmal lachen sie auch in Situationen, in denen alle anderen traurig scheinen – und umgekehrt: Sie sind oft traurig, wenn andere lachen. Dann ist dies immer ein Zeichen dafür, daß die wirklichen seelischen Schwingungen ganz anders sind, als es die Mehrzahl der übrigen Menschen ausdrückt. Krebse nehmen die reale Stimmung auf, nicht die künstlich erzeugte.

Das ist auch der Grund, warum Krebse wunderbare Clowns sein können: Der Narr ist ja idealerweise einer, der die Dinge unverkrampft und unverlogen wahrnimmt, sie aber dann – weise – der Lächerlichkeit preisgibt, damit »die Seele« über ihre eigene Blindheit lachen kann.

»Seelen-Schupo« könnte man ihn auch nennen, den Krebs, weil er dafür zuständig ist, daß das Seelische nicht zu kurz kommt, mißachtet oder verbogen wird.

SONNE UND MOND

Wenn Sie ein typischer Krebs sind, dann ist es bei Ihnen ähnlich wie beim Mond! Er nimmt bekanntermaßen Licht von der Sonne auf und spiegelt es wider. Sie müssen die Art seines Lichtes, seinen glänzenden Schein, nur als Sinnbild für die »Seelenkraft« sehen, dann wissen Sie sicher schon, was ich meine. Beobachten Sie einmal unseren Trabanten: Zwei bis drei Tage nach Neumond hebt er sich aus dem Nichts der Nacht als schmale Sichel gegen den Himmel ab, nimmt dann täglich zu, bis zwei Wochen später eine volle, runde, leuchtende Kugel ans Firmament steigt. Dann nimmt er ab, bis er, wieder knapp zwei Wochen später, völlig aus unserem Sichtfeld verschwunden ist.

Diesen Vorgang am Himmel können Sie als ein Sinnbild auffassen für Ihr Dasein – Ihr Leben, Ihre Aufgabe, besteht zum größten Teil darin, Seelenkraft aufzunehmen und wieder zur Verfügung zu stellen. Ohne diese Kraft, die Sie nährt (wie das Licht der Sonne den Mond erst zum Scheinen bringt), sind Sie wie leer, ohne Leben und fühlen Sie sich wie im Dunkeln (im Italienischen heißt »Neumond« zum Beispiel neben *la luna nuova* auch *la luna nera* [= »der schwarze Mond«]).

Aber was ist mit »Seelenkraft« eigentlich gemeint? An erster Stelle stehen Liebe, Anerkennung und Achtung. Ihr »Seelenfluß« besteht aus diesen »Stoffen«. Nur wenn Sie sie erhalten, können Sie sie auch wieder abgeben, also wie der Mond strahlen und richtig lebendig sein. Und Sie verdorren förmlich, wenn der Strom versiegt. Krebse, die apathisch und krank werden, bekommen kein Licht mehr von der Sonne; gemeint ist damit, daß sie sich nicht mehr geliebt und geachtet fühlen. Und ähnlich, wie der zunehmende Mond sich – sinnbildlich gesprochen – immer so zur Sonne zu stellen scheint, daß er möglichst viel von ihrem Licht erhält und wieder abgeben kann, so ist auch Ihr Leben daran orientiert, möglichst viel »Seelenstoff« zu empfangen und an andere zu verteilen.

In aller Regel strahlt ein Krebskind vom ersten Tag seines Erdendaseins seine Eltern an, damit sie ihm ebenso Liebe schenken. Es braucht diese Liebe wie eine Pflanze das Licht, um zu wachsen. Ein Krebskind ist fast immer ein besonderer »Wonneproppen«, es gibt viel Liebe, um Liebe zu bekommen. Es scheint süchtig danach zu sein und sein ganzes Verhalten dahingehend auszurichten. Doch seine Seele verdunkelt sich, wenn der Liebesstrom denn versiegen sollte.

Krebsstars und -künstler sind besondere Empfänger und Sender für Seelisches: Sie sonnen sich in der Gunst des Publikums und schenken ihm dafür Stimmungen für die Seele – ein Lied, ein Gedicht, ein Schicksal … Einige Beispiele gefällig? – Ute Lemper, Mireille Mathieu, Carlos Santana, Ringo Starr, Cat Stevens; Isabelle Adjani, Yul Brynner, Bill Cosby, Harrison Ford, Gina Lollobrigida, Meryl Streep, Sylvester Stallone, Donald Sutherland; Ernest Hemingway, Hermann Hesse, Franz Kafka, George Orwell; Gustav Mahler; Käthe Kollwitz, Rembrandt, Peter Paul Rubens – sowie Ingmar Bergman, Jean Cocteau und Helmut Dietl.

Auch Löwegeborene sind Stars. Aber Löwen sind aktiver aus sich selbst heraus, sie gestalten ihren Erfolg, sie erschaffen sich auch ihre Anhänger. Krebse hingegen sind die Stars, die den Wunsch und den Willen des Publikums instinktiv erfassen, aufgreifen und widerspiegeln – auch dies geschieht ähnlich wie beim Mond, der das Licht der Sonne reflektiert. Zuweilen wird ein besonders begnadeter Krebs zum Mysterium, der die (unbewußten) Träume und Sehnsüchte einer ganzen Zeit aufnimmt und widerspiegelt: Prinzessin Diana war eine derartige Lichtgestalt. Lebten wir in den Zeiten, in denen die antiken Mythen entstanden, würde sie wohl als neuer Mond am Himmel erscheinen …

Die Liebe, die der Krebs empfängt, gibt er wieder ab. Und dennoch ist es nicht der gleiche »Stoff«, genau wie ja auch der Mond das Licht der Sonne nicht einfach eins zu eins wie ein Spiegel reflektiert. Mondlicht ist weicher, diffuser, lieblicher als Sonnenlicht. Vor allem aber birgt es eine geheimnisvolle, lebenspendende Substanz: Das Ablaichen vieler Meerestiere geschieht im Einklang mit dem Mond. Der Zug der Aale findet jährlich exakt im gleichen Mondstand statt. Zugvögel legen nach dem Eintreffen in ihrem Sommeraufenthaltsort die Eier ausschließlich zu bestimmten Mondstellungen ab. Der Seeigel laicht nur bei Vollmond, und zwar auch dann, wenn der Himmel wochenlang bedeckt ist. Bäume dehnen sich mit dem Mondlauf aus und ziehen sich wieder zusammen. Ist der »Stoff«, der vom Mond kommt, gar eine Art Lebenselixier, wie es »Mondfrauen« – also Frauen, die ihr Leben nach dem Mond richten – immer wieder behaupten?

Beim Krebsprinzip jedenfalls verhält es sich ähnlich! Auf mysteriöse Weise ist ihm etwas zu eigen, das Leben zu gebären und zu erhalten vermag. Zentrale Ereignisse im Zeichen des Krebses sind Befruchtung, Schwangerschaft und Geburt. Auch die Fürsorge und Liebe einer Mutter (eines Vaters natürlich genauso) für das heranwachsende Kind wird als »typisch Krebs« aufgefaßt. Überhaupt ist der Krebs ein Symbol für »Leben, Mütterlichkeit, Befruchtung, Schwangerschaft, Geburt und Ernährung«. Das Krebsprinzip wird zum großen Mysterium, zum Urquell des Lebens, zum »Yin« (weiblich, minus, Mond), das zusammen mit einem »Yang« (männlich, plus, Sonne) neues Leben kreiert. (Die Verknüpfung von »weiblich« und »minus« wird dabei lediglich als eine Seite der Polarität allen Seins verstanden und ist in keiner Weise abwertend gemeint.)

Entsprechend sind Krebsmenschen »kinderfixiert«. Ich kenne keinen Vertreter dieses Tierkreiszeichens über fünfundzwanzig, der keine eigenen Kinder hat – ausgenommen Krebsgeborene der Jahrgänge 1949 bis 1956. Analog besonderen kosmischen Vorgängen kam es in der Psyche dieser Jahrgänge zuweilen zu einer Entscheidung gegen Kinder. Aber das sind wie gesagt Ausnahmen. Ein typischer Krebs wähnt sich ohne ein Kind nicht erfüllt, glaubt, daß er ohne Nachkommen an seiner Bestimmung vorbeilebt. Ich kenne Krebsfrauen, die bereits mit sechzehn zum ersten Mal Mutter wurden. Ich weiß von einer Krebsfrau, die sechzehn Kinder bekommen hat, und von einer anderen, die sich so lange von ihren Männern getrennt hat – insgesamt fünfmal, darunter drei Scheidungen –, bis es mit dem sechsten Mann endlich klappte: Sie bekam eine Tochter.

Krebsmänner können freilich ebenso wie ihre Geschlechtsgenossen mit einem anderen Tierkreiszeichen naturgemäß zwar keine Kinder bekommen, was viele von ihnen *zutiefst* bedauern, aber ab dem ersten Schrei ihres Sohnes oder ihrer Tochter sind sie allzeit bereit und entwickeln sich zu phantastischen »Vatermüttern«. Ich weiß von mehreren Fällen, bei denen die Kinder nach der Scheidung bei ihrem Krebsvater aufwuchsen, aber ich kenne kein einziges Beispiel, bei dem die Kinder nach der Trennung nicht bei der Krebsmutter geblieben wären. Das lebenspendende Prinzip ist beim Krebs nicht auf den Vorgang von Schwangerschaft, Geburt und anschließender liebevoller Fürsorge begrenzt. Vielmehr ist sein ganzes Leben ein großes Geben und Nehmen. Auf ein kurzes Motto gebracht, kann man treffend sagen: »Wo ein Krebs ist, blüht das Leben!« In seiner Nähe fühlt man sich wohl, man ist gern sein Gast, und man läßt sich noch lieber von ihm verhätscheln und verwöhnen ...

Ich glaube manchmal auch, es sind besonders die Krebse, die den berühmten »grünen Daumen« haben; jedenfalls gedeihen Blumen unter ihrer Obhut besser als anderswo. Aber auch große Dinge entwickeln sich in der unmittelbaren Nähe eines Krebses besser. So etwas ließe sich natürlich nur schwer statistisch beweisen. Aber ich mache immer wieder die Erfahrung, daß der Krebs wie ein Wachstumsmittel auf Geld, Erfolg und Ansehen wirkt – und auf Kinder sowieso.

Allerdings möchte ich hier noch einmal betonen, daß der Krebs nur dann geben und nähren kann, wenn er auch etwas bekommt. Das darf nie vergessen werden. Ich sage das vor allem deswegen zum wiederholten Mal, weil Krebse dazu neigen, auch dann weiterzugeben, wenn sie selbst nichts mehr erhalten, und schließlich sehr schnell austrocknen und leer sind wie der Neumond. Das muß der Krebs sich über seinen Toilettentisch (den er über alles liebt, denn er spiegelt sich auch gern selbst, ist eitel), über sein Bett (das Schlafzimmer ist sein Heiligtum, denn dort fühlt er sich seiner Seele nahe) und in seine Küche (dort »füttert« er so gern andere mit Liebe) schreiben – und zwar in Großbuchstaben –: ICH KANN NUR STRAHLEN, WENN ICH ANGESTRAHLT WERDE.

Die Praxis der Psychotherapeuten ist gefüllt mit Krebsen, die immer noch geben, aber schon lange nichts mehr bekommen. Sie leben in völlig zerrütteten Verhältnissen oder arbeiten in einem Beruf, der ihnen nicht einmal genug Geld, geschweige denn die geringste Anerkennung oder Achtung bringt.

Es gibt aber auch Krebse, die sich selbst vom Lebensstrom abwenden. So als würde der Erdtrabant immer in einer Neumondposition verharren, in der er keinerlei Licht von der Sonne empfängt und daher auch nichts zur Erde reflektieren kann, so verschließen sich diese Menschen gegen den seelischen Strom und kapseln sich ab. Dahinter steckt fast immer eine große Enttäuschung im Zusammenhang mit dem eigenen Vater, die dazu geführt hat, daß der Krebs ihm die Anerkennung verwehrt. Da in der Astrologie die Sonne für den Vater steht, wird damit auch die eigene Sonne als lebenspendende Kraft abgelehnt; somit empfängt der betreffende Krebs keine Energie – und kann dann natürlich auch keine abgeben. Hilfe versprechen hier die therapeutische Analyse der Vergangenheit mit einer Aufarbeitung der Vaterproblematik und die Besinnung auf die tieferliegenden Zusammenhänge des Krebsprinzips.

Typische Krebsgeborene sind faszinierende Menschen. Wie dem Mond haftet ihnen der Mythos des Rätselhaften und Transzendenten an. Sie sind mit dem Geheimnis des Lebens vertrauter als irgendeines der übrigen Zeichen. Aber sie sind auch der Nacht und damit Ängsten und Täuschungen näher als andere. Es ist daher kein Zeichen von Schwäche, wenn sie in entsprechenden Fällen Hilfe suchen; es zeigt höchstens, daß sie wissend sind.

Liebe, Sex UND PARTNERSCHAFT

Da sitzen Sie nun mit einem Krebs, haben wundervoll zusammen gegessen, mit den Gläsern angestoßen, sich verliebt in die Augen geschaut. Und Ihr Herz ist übervoll, Sie müssen sich einfach Luft machen: »Ich liebe dich …!« seufzen Sie vielleicht. Doch Ihr Krebs wird lächeln, erröten, zur Seite sehen, Ihnen vielleicht einen Kuß auf die Wange hauchen – und schweigen … Sie warten und warten, doch schließlich (immer vorausgesetzt, Sie sind selbst kein Krebs) halten Sie es einfach nicht mehr aus und fragen: »Und du, liebst du mich auch …?« Es folgt ein langes, bedrückendes Schweigen. Dann die Antwort, fast nur gehaucht: »Ich weiß nicht! Was ist eigentlich Liebe …?«

Der Krebs schenkt Geborgenheit

Sie sind verzweifelt, der herrliche Abend ist verpfuscht. Sie gehen allein nach Hause, liegen noch lange wach in Ihrem Bett. Sehen sie/ihn vor sich, zermartern sich das Hirn darüber, ob er/sie nun wiederliebt oder nicht – da klingelt das Telefon: Es ist Ihr geliebter Krebs, lachend und schäkernd: »Ich glaube, ich habe mich verliebt!« – »Ach ja? In wen denn …?« – »In deine Augen …, nein, in deine Wimpern!«

Beim nächsten Mal sind vielleicht Ihre Ohrläppchen dran, dann Ihre Daumen. Aber ob er Sie ganz liebt, Ihre ganze Person, das werden Sie wahrscheinlich nie von ihm zu hören kriegen. Der/die Krebsgeborene wird Sie heiraten. Dann kommt ohnehin das Kind, und das liebt ein Krebs in jedem Fall viel mehr als Sie. Doch trotzdem, selbst wenn ein Krebs nie mit deutlichen Worten seine Liebe beteuert: Er liebt Sie immer noch mehr, als es jeder Vertreter eines anderen Tierkreiszeichens könnte. Sie sind ein Teil von ihm. Ihr Krebs würde sich, ohne mit der Wimper zu zucken, in einen reißenden Fluß oder in ein brennendes Haus stürzen, um Sie zu retten. Ihr Krebs tut alles für Sie. Nur verlangen Sie nicht von ihm, daß er auf Anhieb sagt, daß er Sie liebt.

Wenn man mit einem Krebs verheiratet ist oder mit ihm in einer sogenannten eheähnlichen Gemeinschaft lebt, beginnt das Leben im Schlafzimmer (über seine Künste in Bett wird weiter unten berichtet, hier geht es zunächst um etwas anderes, nämlich die Atmosphäre). In den ersten ein bis zwei Jahren genügen einem Krebs ein großes Bett, passende Musik, viele Kerzen, Kissen und einige Pflanzen. Nach dieser Zeit wandert sein Interesse aus dem Schlafzimmer in die Küche. Er kauft Pfannen, Töpfe, das neueste Mixgerät, und er braucht unbedingt einen geräumigen Kühlschrank, einen großen Gefrierschrank und vor allem einen riesigen Herd. Ab sofort geht bei ihm die Liebe durch den Magen. Und wenn die Partner wissen wollen, ob sie ihr Krebs noch liebt, sollten sie unbedingt seine Pasta, seine Marillenknödel oder sein Kalbsbries versuchen.

Nach weiteren ein bis zwei Jahren wird dann ein anderer Lebensraum entdeckt und eingerichtet: bequeme Sessel, Sofas und vor allem Bücher und Musik. Jetzt spielt sich die Zweisamkeit vor dem Fernseher oder bei der gemeinsamen Lektüre des Romans *Das Geisterhaus* von Isabel Allende ab. Aber auch hierbei vermag man zu messen, wie groß die Liebe des Krebses ist, nämlich daran, wie viele Stunden man so gemeinsam verbringen kann. Während dieser ganzen Jahre ist alles gewachsen. Zunächst Sie, der Partner eines Krebses: Sie haben die ganze erotische Phantasie erfüllt und sind damit ein zufriedener Mensch geworden. Dann Ihr Schlafzimmer: Es ist gemütlich und sauber, und die Pflanzen reichen in der Zwischenzeit bis an die Decke.
Ihre Küche könnte in jedem Magazin für »schöneres Wohnen« abgebildet werden (und die Gerichte Ihres Krebses stehen denen in einem Sternelokal nicht viel nach). Jetzt haben wir nur noch nicht erwähnt, daß auch Ihr Familienstand auf mindestens zwei Kinder, eine Katze

und/oder einen Hund angewachsen ist. Übertrieben? Dann haben Sie keinen hundertprozentigen Krebs an Ihrer Seite – oder Sie kennen ihn noch nicht lange genug …

DIE BEZIEHUNGS- UND BINDUNGSFÄHIGKEIT DES KREBSES

Krebse sind scheu. Richtig wohl fühlen sie sich nur in ihren eigenen vier Wänden. Natürlich können Krebsgeborene auch in einer fremden Umgebung äußerlich ganz cool und gefaßt bleiben. Aber ihr Innenleben ist dabei stets wie auf der Flucht. Vor allem benötigen sie endlos lange, bis sie Vertrauen fassen. Der Krebs mißtraut im Grunde allem und jedem. Das macht die Kontaktaufnahme und Beziehung sehr schwer. Dabei leidet er unter seiner Kontaktscheu. Ich kenne viele Klienten mit diesem Tierkreiszeichen, die gern forscher und selbstsicherer wären – und vor allem leichter Kontakt schlössen.
Krebse – und jetzt sind die Tiere gemeint – haben mehr oder minder große Scheren. Wie jedermann, der hinter diesem köstlich schmeckenden Getier und ebendiesen Zangen her ist, weiß, ist ihnen eine kolossale Kraft zu eigen: Was sie einmal umschlossen haben, geben sie nicht mehr her, und man muß die Scheren mit Brachialgewalt zerstören. Einen ähnlichen »psychischen Schließmuskel« besitzen Krebsmenschen: Sie halten eisern an ihrem emotionalen Besitz fest. Jede Krebsmutter und jeder Krebsvater weiß ein langes und zum Teil leidvolles Lied davon zu singen, wie schwer die Trennung von den Kindern fiel – und daß sie eigentlich nie ganz vollzogen wurde. Natürlich gilt das auch für ihr größtes Kind, den Gatten oder die Gattin: Er/sie bleiben in ihren Herzen – für sein/ihr Lebtag.
So gesehen bekommen Herr und Frau Krebs für ihre Beziehungsfähigkeit eine Vier und für ihre Bindungsfähigkeit eine Eins plus mit dem Vermerk: Es kann manchmal auch zuviel sein.

IST DER KREBS GUT IM BETT?

Ein Krebs empfindet eine derartige Frage als Zumutung. Man kann ein Bett danach testen, ob es gut, das heißt weich und bequem, ist und wie man darauf liegt, aber niemals einen Menschen und seinen intimsten Ausdruck, nämlich die Sexualität! Auf der anderen Seite ist ein Krebs wie alle Wasserzeichen ungeheuer neugierig. Setzen Sie sich ans Meer oder an einen Fluß, und legen Sie irgend etwas Glitzerndes, zum Beispiel eine Glasscherbe, in der sich die Sonne spiegelt, an den Rand des Wassers, und warten Sie. Wenn nur irgendwo in der Nähe ein Krebs haust, kommt dieser schließlich aus seinem Versteck, vorsichtig mit seinen langen Fühlern tastend, immer bereit zur Flucht. Genauso ist jeder Krebsgeborene. Sosehr er sich auch entrüstet über derartige Untersuchungen, so sehr will er es wissen. Der waschechte Krebsmann ist der klassische Pornokonsument – heimlich natürlich. Und die Krebsfrau tuschelt über nichts lieber hinter vorgehaltener Hand als ebendie Ergebnisse solcher »unzumutbaren« Untersuchungen.

Also, wie fällt er jetzt aus, der Test für den Krebs in puncto Sex? Er kann sich sehen lassen! Vielleicht ist der Krebs in Sachen Technik nicht auf dem neuesten Stand. Sicher wird er trotz seiner Neugier von der einen oder anderen Hemmung gehindert, etwas auszuprobieren, was an die Grenze zur Unnatürlichkeit reicht. Aber all dies macht er durch seine Hingabe leicht wieder wett. Bei der Kür gehört er sicher nicht zu den Gewinnern, aber dafür bei der Pflicht, weil er sie so zärtlich, so offen, so gefühlvoll zelebriert.

Wenn ein Krebs nicht gerade durch irgendeine sexualfeindliche Haltung verbogen wurde, bekommt er bei jedem Geschlechtsverkehr einen Orgasmus, egal, ob Mann oder Frau; und jedesmal fliegt er davon, gleitet auf Wolke sieben und ist so dabei, als ginge es tatsächlich immer darum, wieder ein Kind zu empfangen bzw. zu zeugen. Liebe mit einem Krebs ist schlichtweg himmlisch und ohne jeden schalen Beigeschmack.

ÜBER DIE TREUE DES KREBSES ...

Wenn Sie ein Krebs sind, wissen Sie es ja selbst: Sie heben alles auf. In Ihrem Keller bzw. auf Ihrem Speicher stehen immer noch die Spielsachen Ihrer Kinder, meist auch noch Ihre eigenen. Vielleicht finden sich sogar ein paar Windeln darunter, die damals nicht gebraucht wurden. In Ihrem Wohnzimmer gibt es ganz bestimmt ein Regal oder eine größere Kiste, die ausschließlich für Bilder reserviert sind. Darin

gibt es unzählige Fotos, nicht unbedingt von Ihnen, aber – natürlich an erster Stelle – von Ihren Kindern, Ihren Eltern, den Großeltern und natürlich von Ihrem Mann bzw. Ihrer Frau. Irgendwo befindet sich der Schlüssel zu Ihrem ersten Fahrradschloß ...
Wohlverstanden, es geht Ihnen nicht um all die Dinge an sich, sondern um die daran geknüpften Erinnerungen und Emotionen. Letztendlich ist es diese kleine Portion Seele, die an jedem Bild, jedem Schmuckstück klebt. Kann man so etwas einfach verbrennen oder auf den Müll werfen?
Nein, Sie sind nicht treu. Sie sind super-, mega-, wahnsinnstreu. Sie sind so treu, daß man Sie über Jahre in einem Betrieb schlichtweg vergessen kann: Sie werden nicht kündigen. Sie sind so treu, daß Ihr Partner eine Geliebte bzw. einen Geliebten haben kann: Sie werden ihn nicht vor die Tür setzen. Sie sind so treu, daß Ihre Kinder Sie nach Strich und Faden belügen können: Sie werden sie nicht im Stich lassen, wenn sie mal in der Patsche sitzen.
Natürlich ist auch bei Ihnen irgendwann der letzte Tropfen gefallen: Sie kündigen, reichen die Scheidung ein, werfen Ihre erwachsenen Kinder aus dem Haus – aber in Ihrem Herzen bleibt es immer so, wie es war, als Sie sich alle einmal liebten ...

SO HÄLT MAN KREBSE BEI GUTER LAUNE

Der Krebs ist ein Haustier. Nirgends fühlt er sich so wohl wie in den eigenen vier Wänden. Daher macht man ihm auch keine größere Freude, als ihm dabei zu helfen, sein geliebtes Zuhause noch schöner werden zu lassen. Man schenke ihm ein Bild, ein Kissen, Kerzen, Musik, ein scharfes Küchenmesser, Kochbücher oder ähnliches. Genauso glücklich ist er, wenn man ihn, statt ihn in ein Restaurant zu entführen, bei sich zu Hause bekocht. Natürlich kriegt einer, der kein Krebs ist, den Nudelsalat niemals so schmackhaft hin wie ein Juni-Juli-Geborener. Auch die Gastfreundschaft wird nie dermaßen freundlich und herzlich sein. Trotzdem ist der Krebs froh, nicht in irgendeinem unpersönlichen Restaurant zu sitzen, wo ihn allemal die Seele zwickt und zwackt.
Des weiteren muß eines von vornherein klar sein: Seine Familie geht vor! 99 von 100 Krebsen lieben ihre Familien, und es ist sehr un-

wahrscheinlich, daß Sie gerade an den einen geraten sind, der dies nicht tut: Also reden Sie nur in den allerbesten Tönen von Ihren Eltern – und natürlich erst recht von seinen, gleich ob Sie sie schon gesehen haben oder nicht.
Sie müssen, wenn Ihr Krebs jung ist und noch keine eigenen Kinder hat, natürlich damit rechnen, daß er sehr bald welche haben möchte. Also schauen Sie sich schon mal nach einer größeren Wohnung um!
Ist Ihr Krebs älter, war er verheiratet, ist jetzt geschieden, dann gehen seine Kinder immer vor! Nehmen wir an, Ihre neue Krebsliebe hat einen Sohn, der Sie bei der ersten Zusammenkunft ignoriert. Dann haben Sie eigentlich schon verloren, es sei denn, es gelingt Ihnen, das Gemüt dieses Kindes doch noch irgendwie umzustimmen. Das gleiche gilt für seine Katze und seinen Hund. Wenn Sie also einen Krebs glücklich machen wollen, dann freunden Sie sich mit seinen Kindern, seinen Tieren und Pflanzen an, bevor Sie die Frage stellen, ob er Sie heiraten möchte.

WIE GUT KREBSE ALLEIN SEIN KÖNNEN

Ein Krebs, der allein ist, lebt entweder bei seinen Eltern oder in seiner Vergangenheit, die er mit seinem Hund oder seiner Katze teilt, oder er ist traurig und wartet auf den Menschen, den er endlich glücklich machen und lieben kann. Mit anderen Worten, ein Krebs ist nicht fürs Alleinsein geboren, wenigstens nicht während der ersten fünfzig Jahre seines Lebens.
Seine ganze Existenz gründet darauf, daß er aufnehmen und geben kann. Aber wohin damit, wenn er niemanden streicheln, massieren, bekochen, bemuttern, betütern kann?
Ich kenne viele Krebse, die offiziell allein leben, sich eine Wohnung, sogar ein Haus gekauft haben mit einem wunderschönen Balkon nach Westen zur untergehenden Sonne hin. Aber wo verbringen sie die Abende? Bei Freunden, bei Verwandten, und wenn es gar kein Ersatzzuhause gibt, irgendwo in einer Kneipe. Sie brauchen Gesichter, die sie kennen, und wenn's allein der Barkeeper ist.

DER KREBSMANN AUF DEM PRÜFSTAND

Der Krebsmann verkörpert das Ideal eines gefühlvollen, zärtlichen, romantischen Mannes, der Frauen versteht und ihnen das Gefühl vermittelt, etwas Besonderes, Einmaliges zu sein. Er kommt auch nicht wie ein Aufreißer daher; eher ist er schüchtern und wartet mit dem Balztanz, bis die Frau die Initiative übernimmt. Überhaupt versteht er es prächtig, bei einer Frau Muttergefühle zu wecken. Und ist er nicht

Der Krebsmann will eine Frau wie seine Mama

tatsächlich wie ein kleiner Junge, der kaum richtig weiß, was in dieser rauhen Welt gespielt wird? Braucht er nicht eine starke Frau an seiner Seite, die ihn dirigiert, ihn unterstützt und aufbaut, ihn tröstet und bemuttert?

Aber Vorsicht! Dieser Mann vergleicht jede Frau – unbewußt oder wissentlich – mit seiner eigenen Mutter. Und es gehen bestimmt Wochen, Monate, wenn nicht Jahre dahin, bis er endlich seiner Frau das Kompliment macht: »Jetzt hast du meine Mutter eingeholt ...!«

Es gibt allerdings auch Krebsmänner, die behaupten, mit ihrer Mutter fertig zu sein. Diese wiederum sind mit besonderer Vorsicht zu genießen. Denn was die Großhirnrinde glaubt, ist noch lange nicht die ganze Wahrheit. Viel eher will ein Krebs, der sagt, er sei fertig mit dem »Muttertrip«, nur ganz besonders verhätschelt werden.

Ist es ein Krebsmann denn nun wert, daß man auf ihn wartet, um ihn kämpft und mit seiner Mutter konkurriert?

Ehre, wem Ehre gebührt! Niemand weiß eine Frau besser zu verwöhnen, göttlicher zu bekochen, zärtlicher zu liebkosen und ausdauernder zum Höhepunkt zu bringen als er. Natürlich hat soviel Hingabe auch ihren Preis: Krebse wollen ihre Partnerin ganz und immer, da wird nicht gehandelt. Gefrustete Ehefrauen finden bei ihnen kein aufbauendes Ruheplätzchen und erlebnishungrige Teenies keine nächtliche Schlafstelle. Und allen Neugierigen, die von ihrem zarten Fleisch zwar naschen, aber auf die Köstlichkeiten anderer astrologischer Vertreter nicht verzichten möchten, droht ultimativ die rote Karte: aus! Ein Krebsmann will alles!

Gibt er auch genausoviel zurück? Solange man nichts Unmögliches von ihm verlangt, ja! Der Krebsmann ist der Typ, der sich immer vor seine Frau und seine Kinder stellen wird. Auch in wirtschaftlicher Hinsicht ist ein Krebs eine gute »Anlage«. Er hat einen Instinkt für Geld, er besitzt alle Voraussetzungen, dafür zu sorgen, daß man eines Tages in einem Häuschen oder »wenigstens« einer schönen Penthousewohnung leben kann.

Keine Nachteile? Doch! Er ist schrecklich eifersüchtig, und man wird ihm wohl niemals richtig beibringen können, daß es keinen Mangel an Männlichkeit bedeutet, wenn er nicht so tierisch ausflippt bei jedem Gespräch seiner Frau mit einem anderen Mann. Er ist hoffnungslos altmodisch, und es kostet ihn große Mühe einzusehen, daß die Frau jederzeit auch ihren »Mann« stehen kann.

DIE KREBSFRAU AUF DEM PRÜFSTAND

Die Krebsfrau ist die geborene Mutter und verkörpert, ähnlich einer italienischen *mamma* mit Pasta und veritablem Busen oder der First Lady einer Nation, das Urmütterliche schlechthin. Männer erliegen ihr, so wie sie ihrer Mutter erlegen sind. Ein Mann, der einer Krebsfrau nicht huldigt, hat wohl ein ungelöstes Mutterproblem.
Leider stimmt der Schluß nicht auch andersherum: Man kann nicht davon ausgehen, kein Mutterproblem zu haben, wenn man eine Krebsfrau liebt. Es gibt auch scharenweise Männer, die genau deswegen auf eine Krebsfrau fliegen, weil sie endlich erhoffen, »Mamas Liebling« zu sein. Somit steckt jede Krebsfrau in der mißlichen Lage, ihren Partner nicht nur als Mann und Vater ihrer Kinder zu nehmen, sondern häufig auch als Klienten – mit ihr als Psychotherapeutin, die unter Umständen kranke Männerphantasien zurechtrücken muß.
Sie ist schön, egal, wie sie aussieht, denn sie strahlt innere Schönheit aus. Sie fühlt sich als richtige Frau und gibt damit einem Mann das Gefühl, ein richtiger Mann zu sein. Sie verbreitet einen Zauber, dem auch die Freunde ihres Mannes erliegen. Sie hat Magie; was sie berührt, vermehrt sich, in ihrer Umgebung blüht und reift das Leben. Sie ist ungeheuer reich an inneren Ressourcen und seelischer Kraft.
Existieren jetzt etwa noch irgendwelche Zweifel, daß sie die Beste ist? Nennen wir sicherheitshalber noch ihre Nachteile: Sie ist sagenhaft ungerecht, wenn es um das Thema Eifersucht geht. Sie erlaubt sich jederzeit, mit anderen Männern zu flirten und zu schäkern. Tut er's, ist er ein Schuft. Jeder Mann gerät neben ihr allmählich an den Rand einer Persönlichkeitsspaltung: Einmal will sie ihn als Sohn, dann als Mann, und drittens soll er ihr Daddy sein. – Oh, und dann noch ihre Launen! Wer die verstehen will, studiere zuerst Freuds Psychoanalyse, dann die Quadratur des Kreises und zum Schluß Einsteins Relativitätstheorie ... Sie ist dermaßen launisch, daß man nicht einmal das Zimmer verlassen kann, ohne sicher sein zu können, daß sie, wenn man zurückkommt, nicht eine ganz andere ist.

UND SO KLAPPT'S MIT ALLEN ANDEREN

Im folgenden wird das Beziehungsspiel zwischen Krebs und den zwölf möglichen Partnern des Tierkreises durchleuchtet. Dazu muß etwas Grundsätzliches gesagt werden: Es gibt keine Kombination, die unmöglich ist. Mit anderen Worten, wenn Sie ein Krebsgeborener sind, können Sie's mit allen, egal, ob Löwe, Wassermann oder Zwillinge. Allerdings verlangt jede Partnerschaft einen bestimmten Preis. Bei manchen Kombinationen heißt dieser Ruhe oder Entspannung, bei anderen braucht man vielleicht mehr Zeit. Auch ist es von Fall zu Fall möglich, daß man mit einem bestimmten Partner in eine Krise gerät und dann etwas unternehmen muß, um die Krise gemeinsam zu bewältigen. Es gibt keine Kombination, die nur positiv ist. Es gibt allerdings solche, die bequemer sind als andere. Wer aber will entscheiden, ob Bequemlichkeit in jedem Fall ein erstrebenswertes Gut ist?

 Krebs UND WIDDER

Diese Beziehung steht unter Spannung, was auch darin zum Ausdruck kommt, daß der Widder dem Feuerelement zugerechnet wird und der Krebs zum Wasser zählt: Feuer und Wasser können jedoch schlecht nebeneinander existieren. Tatsächlich herrscht in vielen Beziehungen zwischen Krebs und Widder permanenter Krieg: Wer unterdrückt wen mehr? Wer lebt auf Kosten des anderen? Manche Paare schaffen es allerdings, ihre Spannungen positiv zu leben. Dann gewinnen beide Tierkreiszeichen etwas hinzu: Das Feuerzeichen Widder lernt die Welt der Gefühle kennen, erlangt Tiefe und seelische Einsicht. Das Wasserzeichen Krebs wiederum erhält vom Widder die Inspiration, die ihn aus seiner Selbstverstrickung und ewigen Nabelschau erlösen kann, und wird feuriger und lebendiger.

Krebs UND STIER

Ein wunderbares Paar! Denn beide werden vom gleichen Trieb geleitet, nämlich zu sammeln und zu hegen und das, was man einmal hat, zu bewahren und zu kultivieren. Dazu kommt, daß der Stier dem Element Erde angehört und der Krebs zum Wasser zählt. In dieser Kombination befruchten sich beide Elemente. Symbolisch gesprochen läßt sich sagen, daß das Wasser die Erde befruchtet und diese wiederum dem Wasser Halt gewährt. Die Gemeinschaft verspricht also Wachstum und Fruchtbarkeit, was sich auf Kinder, den Hausstand, aber auch auf berufliche Projekte beziehen kann. Die gleiche Philosophie führt zu großem Verständnis und intimer Nähe, und das Bedürfnis nach Sinnlichkeit und Erotik ist ähnlich ausgeprägt, wenn sie auch dem Stier letztendlich mehr bedeuten als dem Krebs. Probleme entstehen durch den Mangel an Konträrem, Andersartigem. Dieses Paar hat die Tendenz, sich immer mehr nach außen hin abzugrenzen, was auf Dauer aber dazu führen kann, daß sich in Ermangelung neuer Impulse Langeweile breitmacht.

 ## *Krebs* UND ZWILLINGE

Krebse sind gefühlvoll und haben damit genau das, was Zwillingen zunächst einmal abgeht. Die leben ja eher aus dem Kopf heraus, analysieren, denken logisch und sammeln objektive Fakten. Krebse hingegen leben in ihrem Bauch, spüren, verlassen sich auf ihr Gefühl. Es sind also ausgesprochene Gegensätze, die aufeinandertreffen. Auf der anderen Seite liegen die beiden Tierkreiszeichen unmittelbar nebeneinander. Und daher besteht auch Nähe und Vertrautheit zwischen Krebsen und Zwillingen. Kurze Begegnungen, Affären und One-night-Stands sind sicher das Größte, was Zwillingen widerfahren kann. Auch der Krebs fühlt sich dabei in einer anderen Welt, erlebt frischen Wind und neuen Schwung. Eine Partnerschaft steht allerdings auf einem ganz anderen Blatt: Sind die Flitterwochen nämlich vorbei, will es sich der Krebs gemütlich machen – während Zwillinge wieder ihre Unruhe packt und der Wind ruft. Wenn diese zwei Menschen also zusammenbleiben, dann nur, wenn beide sehr flexibel und bereit sind, voneinander zu lernen: Der Krebs braucht die Einsicht, daß eine Liebe auch existieren kann, wenn man nicht ständig aneinanderklebt. Und der Zwillingepartner muß verstehen, daß man seinen Erlebnishunger auch stillen kann, wenn man nicht dauernd unterwegs ist.

 ## *Krebs* UND KREBS

Krebs und Krebs ist eine seltene Kombination, einfach deswegen, weil Liebe immer auch Gegensätze voraussetzt. Zwei Krebse können gute Freunde werden, die sich alles gegenseitig anvertrauen. Sie können auch phantastisch zusammenarbeiten. Aber damit der Funke der Liebe überspringt, damit der Blitz der Leidenschaft einschlägt, muß ein energetisches Gefälle vorhanden sein, das in der Regel nur zwischen unterschiedlichen Tierkreiszeichen herrscht. Wenn trotzdem zwei Krebse zusammenkommen, dann normalerweise nur deswegen, weil sie bei den anderen Daten ihres Horoskops Unterschiede aufweisen, zum Beispiel beim Aszendenten oder dem Mondzeichen.

 ## *Krebs* UND LÖWE

Die Sonne ist ein Sinnbild des Löwen, der Mond ist wiederum im Krebszeichen zu Hause. Und so, wie Sonne und Mond »zusammengehören«, so sind auch Vertreter der Tierkreiszeichen Löwe und Krebs ein besonderes Paar: Sie ergänzen sich, aber weniger infolge ihrer Gemeinsamkeiten als vielmehr durch ihr Anderssein. Der Löwe ist extravertiert, geht gern aus, zeigt sich, lebt auf großem Fuß. Der Krebs hingegen ist introvertiert, bleibt lieber zu Hause und beschäftigt sich am liebsten mit seinem Innenleben. Soweit der männliche Teil dieser Beziehung der Löwe ist und der weibliche der Krebs, steht der Gründung einer Familie im herkömmlichen Sinne in aller Regel nichts im Weg. Löwemann, Krebsfrau und ein oder auch mehrere Kinder entsprechen dem Urbild der Familie, aus dem alle Beteiligten große Kraft schöpfen können. Problematischer wird das Ganze, wenn die Zeichen den Geschlechtern umgekehrt zugeordnet sind: Es kommt zu Spannungen und Mißverständnissen, bei denen das Wissen um die astrologische »Herkunft« allerdings sehr hilfreich sein kann.

Krebs UND JUNGFRAU

Das ist eine wunderschöne Verbindung. Denn das Wasserzeichen Krebs ist sich seiner selbst gewiß, ruht in sich, bietet somit der Jungfrau das, was sie so sehnsüchtig sucht: ein Zuhause, Sicherheit, Schutz. Andererseits neigt der Krebs auch dazu, sich »in sich selbst« zu verlieren, keinen Grund mehr zu finden beim »Seelentauchen«. Genau dann kann das Erdzeichen Jungfrau das rettende Land sein, das Ufer, das Feste und Zuverlässige. Zugleich ist die Jungfrau ein flexibles, bewegliches Zeichen, drängt also auch hinaus aus dem wunderschönen Seelenraum, dem Haus und dem heiligen Reich der Familie, wo es sich der Krebs derartig gemütlich macht, daß er im Extremfall zu ersticken droht. Erde und Wasser ergeben einen fruchtbaren Schlamm, aus dem vieles wachsen kann: eine Familie, eine große Zukunft, das gemeinsame Älterwerden. Probleme gibt es natürlich auch. So kann der Krebs nur schwer begreifen, daß die Jungfrau, sobald sie sich aus seinem Einflußbereich entfernt, eine ganz andere ist, sich den dortigen Verhältnissen anpaßt, was unter Umständen auch bedeuten kann, daß sie untreu wird. Der Jungfrau wiederum bereiten die Enge und Intimität des Krebses klaustrophobische Ängste. Darüber muß gesprochen werden. Derartig unterschiedliche Seinsarten müssen im Lauf der Partnerschaft einander nähergebracht werden, so daß eine dritte, von beiden Partnern getragene Lebensweise daraus entstehen kann.

Krebs UND WAAGE

Es gibt viele Gegensätze zwischen diesen beiden Tierkreiszeichen. Das beginnt schon damit, daß die Waage ja ein Luftzeichen ist, während der Krebs dem Element Wasser zugeordnet wird. Wasser ist ein Synonym für Gefühl, für Verinnerlichung, für das »Sich-in-*sich-selber*-Finden«. Die Waage hingegen entspricht als Luftzeichen der gedanklichen Erfassung der Welt und dem »Sich-im-*anderen*-Finden«. Praktisch sieht es so aus, daß der Krebs sich wohl fühlt, wenn ihm vertraute Menschen um ihn sind und er an einem sicheren, vertrauten Ort (»Nest«) lebt, während die Waage aufblüht, wenn sie ausgeht, Menschen begegnet, in der Öffentlichkeit steht. Des weiteren findet der Krebs als Gefühlsmensch die Lösung seiner Probleme, indem er in sich hineinspürt (»Das ist so, weil ich es fühle«), während die Waage die Wahrheit durch Diskussionen – entweder mit imaginären oder wirklichen Partnern – findet (»Das ist so, weil es logisch ist«). Von diesen Gegensätzen einmal abgesehen, gibt es auch große Gemeinsamkeiten: Beide Zeichen suchen Stimmigkeit, Atmosphärisches und fühlen sich wohl, wenn sie für andere Menschen dasein können. Dazu kommt, daß die Waage beim Krebs ein gemütliches Leben findet. Der Krebs wiederum bewundert bei der Waage den ausgeglichenen Charme. Wie lange diese Beziehung hält, hängt davon ab, wie gut es gelingt, die Gemeinsamkeiten über das Trennende zu stellen. Außerdem habe ich festgestellt, daß diese Kombination bei kreativen Menschen besser funktioniert.

 ## *Krebs* UND SKORPION

Das ist eine ideale Verbindung! Beide Tierkreiszeichen gehören dem Wasserelement an. Das heißt, man spricht die gleiche Sprache, hat dasselbe große Interesse am Seelischen bzw. Emotionalen und betrachtet die Liebe gleichermaßen nahezu als etwas »Heiliges«. Der Krebs erlebt die Leidenschaft des Skorpions wie einen Sog, der ihm zugleich angst macht und ihn ungeheuer fasziniert. Der Skorpion wiederum findet im Krebs einen Menschen, der eine Stufe repräsentiert, die er längst »hinter sich« hat (der Krebs ist das vierte Zeichen im Tierkreis und der Skorpion das achte). So kommt er sich wie ein »Führer« vor, wie ein Meister der Gefühle, der den anderen leiten kann auf der Reise in das Reich der Seele. In dieser Bindung ist das Familienthema besonders stark. Man muß sich im klaren darüber sein, daß man jeweils mehr als nur einen Partner bekommt: Dahinter wartet die Familie bzw. Sippe des einen wie des anderen. Es ist aus astrologischer Sicht auch hundertprozentig sicher, daß es in der Verbindung Kinder geben wird. Der Wunsch dieser Partnerschaft wird es sein, eine neue große Gemeinschaft zu gründen mit einer eigenen Zukunft und einem eigenen Schicksal.

 Krebs UND SCHÜTZE

Obwohl die Beziehung aus zwei gegensätzlichen Elementen – nämlich Feuer und Wasser – besteht, kommen Menschen mit diesen beiden Tierkreiszeichen ganz prima miteinander aus. Das beruht darauf, daß beide letztlich sehr einfühlsam, umsichtig und tolerant sind und daher aufmerksam miteinander umgehen. Dazu kommt, daß sich der Krebs sehr stark am Vergangenen orientiert und auch der Schütze dazu neigt, in Geschichten von damals Muster für das Hier und Jetzt zu erkennen. Einfacher gesagt: Man spricht die gleiche Sprache, mag die gleichen Storys, Filme und Bücher und findet so sehr viel Stoff, sich zu unterhalten. Ein großes Problemthema gibt es allerdings auch, es heißt »Beständigkeit und Treue«. Denn der Krebs ist ein Beutehalter, was er einmal in seinen Zangen hat, das gibt er nicht mehr her. Der Schütze hingegen ist ein Jäger, für den das, was er noch nicht besitzt, allemal wichtiger ist als das, was er schon kennt und hat. Mit tragischen Eifersuchtsdramen ist also zu rechnen. Der Krebs gewinnt in der Weise an Boden, wie es ihm gelingt, den Schützen am Herzen zu berühren – indem der Schütze sieht, wie sehr der Krebs unter den Eskapaden seines Partners leidet.

Krebs UND STEINBOCK

Steinbock und Krebs liegen sich im astrologischen Tierkreis genau gegenüber und sind somit extrem unterschiedlich. Der Steinbock versucht, über seine Emotionen hinauszuwachsen, der Krebs lebt seine Gefühle, kultiviert sie, erklärt sie für »heilig«. Oder der Steinbock liebt seinen Beruf, der Krebs seine Familie. Trotz dieser kolossalen Unterschiede – oder vielleicht gerade deswegen – ziehen sich Krebs und Steinbock magnetisch an. Die Liebe entflammt ja nicht nur, wenn man einem Menschen begegnet, der ein Spiegelbild der eigenen Person ist, sondern auch, wenn er das genaue Gegenteil darstellt. Dann verkörpert der geliebte andere das Reich, das einem selbst so fremd ist, das aber jetzt plötzlich offensteht. Der Krebs findet beim Steinbock die Sicherheit, von der er weiß, daß er sie allein niemals erlangen würde. Der Steinbock wiederum vermag sich beim Krebs regelrecht in einer Gefühlswelt zu »baden«, um danach wieder seiner Verstandesorientierung zu folgen. Natürlich kann das Gleichgewicht in dieser Polarität im Lauf der Jahre auch kippen, und jeder wirft dem jeweils anderen vor, daß er nicht so ist wie man selbst – eine absurde Situation, denn man hat ja gerade deswegen zueinandergefunden, weil man so anders ist. Aber grundsätzlich hat diese Beziehung Bestand und erlebt nicht selten die diamantene Hochzeit.

 ## *Krebs* UND WASSERMANN

Krebse, die sich ihre weiche, gefühlvolle Seite bewahrt haben und nicht gleich mondsüchtig oder schlabberig wie ein Wackelpudding sind, setzen den Wassermann restlos in Verzückung. Endlich findet er, was er insgeheim immer gesucht hat: ein Nest, Geborgenheit, Ruhe und Frieden. Auf der anderen Seite ist ihm der Krebs natürlich höchst suspekt: ein Wesen, das mit dem Mond geht, das Kinder möchte, das sich von Gefühlen leiten läßt – wie unzeitgemäß! So huldigt der Wassermann einerseits dem Krebs, hebt ihn auf den Thron, betet ihn fast an, auf der anderen Seite kämpft er gegen ihn und versucht, ihm bei jeder Gelegenheit zu beweisen, daß er falsch liegt. Eine Haßliebe also, und die Frage ist, was auf Dauer überwiegt. Umgekehrt ist für einen Krebs der Wassermann wie ein Mensch von einem anderen Stern, der ihn mit der Welt draußen verbindet und in seiner häufig verschlossenen Innenwelt endlich Fenster und Türen öffnet. Aber natürlich hat der Krebs weder Lust, als Start-und-Lande-Bahn für die hochvoltigen Abenteuer des Wassermanns mißbraucht zu werden, noch mag er seine ständigen »Wechselbäder«.

 ## *Krebs* UND FISCHE

Beide Tierkreiszeichen scheinen über den »Faktor X«, das heißt übersinnliche Fähigkeiten und einen Sinn für Schicksalhaftes, zu verfügen. Kommen sie zusammen, ist es jedem der beiden klar, daß sie füreinander bestimmt sind, daß sie sich schon lange kennen – vielleicht aus einem früheren Leben oder sonstwoher. Mit seinem Einfühlungsvermögen weiß jeder, was der andere will, was er braucht, was ihm guttut. Eine Verbindung entsteht, in der jeder dem anderen nahe ist, ohne unbedingt in dessen physischer Nähe sein zu müssen. Ich kenne zum Beispiel ein Paar, das seit über fünfzehn Jahren zusammen ist, der Mann verweilt aber mindestens die Hälfte des Jahres im Ausland. Trotzdem hat – ihren Aussagen zufolge – noch nie jemand von beiden einen Seitensprung gewagt. »Distanz«, so sagte mir einmal der Mann, »ist für uns kein wirkliches Problem. Manchmal denke ich an meine Frau, und sie ruft mich an. Wir haben es sogar schon überprüft, daß wir beide zur gleichen Zeit aneinander denken.« Diese Beziehung ist reich an Gefühlen, und das Seelische nimmt einen großen Raum ein. Eine Gefahr besteht insofern, als man einander so ähnelt, daß mit der Zeit die Spannung und damit die gegenseitige Attraktion immer mehr schwindet. Was dann hilft, ist, gemeinsam zu verreisen. Mit jedem Kilometer, den man zusammen zurücklegt, steigt die Lust aneinander wieder.

Gesundheit
UND FITNESS

In der astrologischen Medizin ordnet man jedem Tierkreiszeichen andere Körperregionen, physiologische und psychologische Funktionsweisen und entsprechende Krankheitsdispositionen zu. Dies bedeutet, es bestehen verschiedene Neigungen zu unterschiedlichen Störungen und Erkrankungen; das heißt aber noch lange nicht, daß bei jedem Tierkreiszeichen auch tatsächlich die ihm im folgenden zugeordneten Krankheiten auftreten werden.

> **Körperliche Entsprechungen** Magen, Verdauung, Zwölffingerdarm
> **Psychologische Entsprechungen** Gefühl, Geborgenheit, Angst, Familie, Schutz, Aufnahmebereitschaft, Empfindung
> **Krankheitsdispositionen** Gastritis (Magenschleimhautentzündung), Magenbeschwerden, Magengeschwür, Magenkatarrh, Ängste und Phobien

TYPISCHE KRANKHEITEN DER KREBSE

Krebsgeborene neigen zu den verschiedensten Beschwerden im Zusammenhang mit dem Magen und dem Zwölffingerdarm. Damit Sie die Logik, die hinter diesen Zuordnungen steckt, und die psychosomatischen Ursachen der Symptome besser kennenlernen können, seien hier einige wichtige und häufige Probleme des Krebses genannt.

Auch Gefühle werden verdaut

Genau wie es bei der richtigen Verdauung Probleme geben kann, so können auch bei der Gefühlsverarbeitung Schwierigkeiten auftreten. Die »Brocken« – stoffliche wie psychische – sind zu groß und »schlagen auf den Magen« oder bleiben dort sprichwörtlich liegen, da man sie »in sich hineingefressen hat«. Für manche Krebse können bestimmte seelische Eindrücke das ganze Leben belastend sein, weil sie nie richtig verarbeitet werden. Solche dramatischen Gefühle stammen zumeist aus der frühen Kindheit.

Oder im Magen ist zuviel Säure vorhanden, die sich gegen das eigene System, nämlich die Magenwand, richtet und Geschwüre verursacht. Im übertragenen Sinn entspricht der Säure ein scharfer Intellekt, der Gefühle sofort analysiert. Eine unselige Steigerung davon ist der Sarkasmus oder die Bitterkeit, mit der manche Krebse mit ihren Gefühlen umgehen.

Vielleicht gibt es auch zuwenig Säure. Die Nahrung kann nur ungenügend zerlegt werden. Dies bedeutet, daß die Gefühle die Seele nicht wirklich berühren, abgewehrt werden und in der Psyche »liegenbleiben«. Der Mensch wirkt abgestumpft bzw. »trägt ewig lange etwas mit sich herum«.

Ausgehend von einem Parallelismus in der astrologischen Medizin, muß der Körper austragen, was die Seele versäumt. Wenn ein Krebs also in seiner Gefühlswelt Schwierigkeiten hat, bekommt er mit an Sicherheit grenzender Wahrscheinlichkeit irgendwann Probleme mit dem Magen. Eine Gastritis zum Beispiel ist immer auch die Folge einer Erlebnis- und Gefühlswelt, in der etwas nicht stimmt. Daher macht es auch keinen Sinn, solche Symptome lediglich auf der körperlichen Ebene, das heißt medikamentös, zu behandeln. Nein, auch die zugrundeliegenden psychologischen Probleme müssen aufgearbeitet werden, um eine dauerhafte Gesundung zu erreichen.

Konflikte auszutragen ist gesund

Rein medizinisch betrachtet, führen bestimmte Nahrungsmittel wie Fette, Alkohol oder Konservierungsstoffe im Magen zu einer Erhöhung der Salzsäure. Aber es sind auch psychologische Reize, wie zum Beispiel Streß oder Kränkungen, die der Seele schaden können. Der gesunde Organismus wehrt sich dagegen mittels entsprechender Emotionen. Fühlt man sich gekränkt, dann ist man normalerweise ordentlich sauer und verschafft sich Erleichterung, indem man dies entsprechend äußert. Verbietet man sich jedoch dieses Gefühl, wird man auf der somatischen Ebene, sprich im Magen, sauer, was auf Dauer zu einer akuten oder sogar chronischen Magenschleimhautentzündung führen kann. Solange also ein Krebs die angemessene Schärfe in sein bewußtes Erleben und Verhalten einzubringen vermag, stimmt's auch

Zu jedem Tierkreiszeichen gehören bestimmte Organe und Malaisen

mit seinem Magen. Verbannt er aber diese zuweilen notwendige scharfe, aggressive Seite und schluckt seinen Ärger hinunter, dann wird der Magen zum Schauplatz der notwendigen Auseinandersetzung.
Der Magenkranke ist in der Regel ein Mensch, der keine Konflikte aufkommen lassen will und sie scheinbar auch nicht verträgt. Ihm ist (beinahe) alles recht, wenn sich Auseinandersetzungen tunlichst vermeiden lassen.
Wenn Sie ein Krebs sind, sollten Sie daher in Ihrem inneren Dialog folgenden Fragen nachgehen:

- Nehme ich zu viele und zu schwere Gefühle auf?
- Fehlen in meinem Leben Gefühle?
- Lasse ich mich von Gefühlen ansprechen?
- Lasse ich mir die nötige Zeit, um meine Gefühle zu verarbeiten?
- Gehe ich Auseinandersetzungen aus dem Weg?
- Kann ich, wenn es angebracht ist, richtig »sauer« sein und dies auch äußern?

WIE KREBSE GESUND BLEIBEN

Krebsgeborene müssen lernen, ihre Eigenart zu leben. Sie sind extrem gefühlvolle Menschen, für die bestimmte und zeitweilige Ängste und Befürchtungen völlig normal sind. Es ist allerdings so, daß Ängste erst dann bedrohlich werden, wenn man sich ihnen nicht stellt. In einem natürlichen Lebensfluß kommt und geht die Angst. Erst wenn man sie abwehrt, wird sie groß und hartnäckig.
Bei psychologischen wie körperlichen Symptomen sollte man grundsätzlich zuerst an seine zwischenmenschliche Situation denken: In aller Regel gibt der Krebs zuviel, bekommt zuwenig zurück und fordert auch zuwenig. Selbst die klassische Medizin spricht dem psychosozialen Umfeld bei der Entstehung von Magenproblemen heute eine wesentliche Rolle zu. Bei einer anhaltenden und sich wiederholenden Symptomatik ist deshalb eine psychologische Beratung angebracht.
Besonders wenn Sie ein Krebs sind, müssen Sie lernen, daß ein bestimmtes Maß an Konflikten gesund ist. Dazu müssen Sie auch Ihre negativen Gefühle zu akzeptieren beginnen und versuchen, sie auszu-

drücken. Ein gutes Lernfeld dafür ist der Sport, zum Beispiel Squash oder Tennis, weil man dabei einen »Gegner« besiegen und richtig auf den Ball »eindreschen« kann. Ich kenne auch einen Krebs, der in seinem Büro ein ins Auge springendes Schild aufgehängt hat. Darauf steht in Großbuchstaben: STREITEN IST GESUND!

DIE APOTHEKE DER NATUR

Nach dem Analogieprinzip haben Heilkräuter, die Ende Juni und während der ersten drei Juliwochen gesammelt werden, beim Krebs eine besonders günstige Wirkung auf die Verdauung und Erkrankungen der Verdauungsorgane. Zumeist enthalten diese Kräuter Bitterstoffe, die die Säurebildung im Magen anregen.

Der Kräuterkundige sammelt daher in diesem Monat Leberbalsamblüten (gut für Galle und Leber), Odermennigkraut (hilft bei Durchfall), Eibischblätter (schützen vor Magenerkrankungen), Holzwurzkraut (regt die Verdauung an), Betonienkraut (gegen Blähungen), Ritterspornkraut (gegen Sodbrennen), Ringelblumenblüten (gegen Darmgeschwüre), Wiesenkümmelsamen (verdauungsfördernd), Tausendgüldenkraut (hervorragender Magentee), Wegwartenblüten (gegen Magenverschleimung) und Fenchelblätter (verdauungsfördernder Magentee).

DIE RICHTIGE DIÄT FÜR KREBSE

Bei Magenproblemen helfen Bettruhe, feuchtwarme Wärmeanwendungen auf dem Magen, diätetische Maßnahmen und einige Tage Fasten. Außerdem ist ein ungesüßter Tee (Kamillen- oder ein anderer milder Magentee) zu trinken. So gepriesene »Wunderheilmittel« wie etwa Cola mit Salzstangen vermögen in Einzelfällen zu helfen, sind aber bestimmt kein Allheilmittel und können die Symptomatik sogar verschlechtern.

Bei einem übersäuerten Magen sind Reizstoffe wie Alkohol, Kaffee, schwarzer und Pfefferminztee zu meiden. Am besten hilft bei einer akuten Übersäuerung (zum Beispiel nach zuviel Alkohol) Natron. Auch gebratene Speisen, also erhitzte Fette, gehören nicht zum idealen Speiseplan des für Magenerkrankungen anfälligen Krebses. Des weiteren sollte er keine scharfen, stark gewürzten und genausosehr süße Speisen und Getränke zu sich nehmen.

Folgendes Obst ist zu empfehlen: Aprikosen, Feigen, Wassermelonen, Grapefruits, Pfirsiche, Äpfel, Trauben, Bananen, Datteln, Ananas und Zitronen. An Gemüsen sind besonders geeignet: Spinat, Sellerie, Kraut, Karotten, Gurken und Kartoffeln. Von den »Körnern« sind am besten Hirse und Buchweizen.

Bei untersäuertem Magen eignen sich eher bittere Speisen (zum Beispiel Radicchio-, Rucola-, Chicorée-, Kresse- und Löwenzahnsalat sowie Artischocken. Hervorragend sind ebenso eingelegter Ingwer und alle milchsauer eingelegten Gemüsearten.

Sämtliche diätetischen Maßnahmen sind nicht nur gesund, sondern reduzieren auch nachhaltig die Pfunde, die sich bei lustbetonten Krebsen so gern ansammeln.

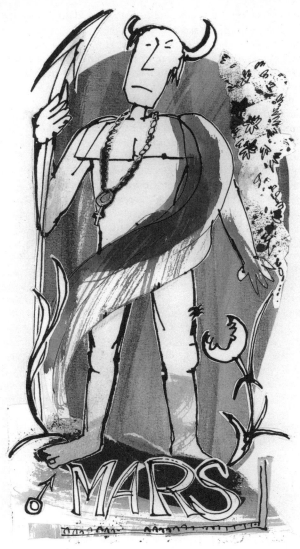

Mars, der Powerplanet, verleiht Fitneß und Kraft

Beruf
UND KARRIERE

AUF DEN ENERGIEFLUSS KOMMT ES AN

Wenn Sie ein Krebs sind, dann brauchen Sie eine Tätigkeit, in der ein Energiefluß herrscht; das heißt, daß von den Menschen, mit denen Sie zu tun haben – Ihren Chefs, Kollegen, Kunden, Schülern und so weiter –, Energien fließen, die Sie nähren. Je weniger Sie bekommen, um so leerer fühlen Sie sich, und um so weniger können Sie abgeben. Wenn Sie also über Ihren jetzigen oder auch einen neuen Beruf nachdenken, sollten Sie dies ganz besonders im Auge behalten: Symbolisch gesprochen, sind Sie – es wurde weiter vorn bereits gesagt – wie der Mond, der nicht aus sich selbst heraus leuchten kann, sondern eine andere Lichtquelle benötigt, um zu strahlen.

Dabei ist Geld natürlich sehr wichtig, aber dennoch allein nicht ausreichend. Ich kenne Krebsgeborene, die im Geld regelrecht schwimmen. Ich denke zum Beispiel an den Chef einer Werbeagentur, der in den achtziger Jahren Millionen unter anderem durch eine Kampagne für eine Zigarettenmarke verdient hat. Er arbeitete mehr als zehn Stunden täglich, hatte zig Mitarbeiter, täglich Meetings und ständig Kontakt mit seinen Kunden. Schließlich gelangte er zu dem Punkt, an dem ihm alles zuviel wurde, und er verkaufte die Agentur. Er lebt jetzt als Privatier und könnte sich alles leisten, was er sich immer erträumt hat. Aber er ist unglücklich, schwierig und launisch. Was ihm fehlt, ist der Energiestrom, den er früher aus seiner Arbeit bezog, die Aufträge seiner Kunden, die Rivalitätsgefühle angesichts der Konkurrenz, die Achtung seiner Mitarbeiter ihm gegenüber ...

Stimmen die Bedingungen, ist es beinahe nebensächlich, was ein Krebs arbeitet. Denn er wird in jede Tätigkeit sein spezifisches Können einfließen lassen, nämlich sich um andere und um das Betriebsklima zu sorgen: Krebse werden Sekretärinnen, die Briefe schreiben und Anrufe weiterleiten – aber ihre wichtigste Aufgabe ist wohl, den Chef, wenn er denn einmal durchhängt, wieder aufzubauen. Sie werden Verkäufer, die den ganzen Tag Menschen bedienen; was sie aber eigentlich vollbringen, ist, ihren Kunden ein gutes Gefühl zu schenken. Krebse können am Fließband stehen und immer wieder dieselbe Folge von Handgriffen tun. Wenn sie gefragt werden, was ihnen an dieser Arbeit gefällt, sagen sie bestimmt: »Die Atmosphäre ...« oder »Die Kollegen ...!« Und umgekehrt werden alle Mitarbeiter über den Krebs sagen, er habe ein gutes Herz und es tue einem wohl, mit ihm zu arbeiten. Eine Art seelisches Zentrum ist der Krebs, die Seele des Ganzen. Dennoch gibt es natürlich auch für ihn Tätigkeiten, die ihm mehr liegen als andere.

ANDERE BETÜTERN

An erster Stelle sind natürlich Tätigkeiten zu nennen, bei denen Krebse das beruflich tun können, was sie ohnehin immer machen: andere umsorgen, ihnen das Leben angenehmer gestalten, also sie betütern, wie es im Norddeutschen so schön heißt.
Krebse sind die besten Köche, da muß man nicht erst bei dem Fernseh»koch« Alfred Biolek oder gar bei den begnadeten Starköchen Heinz Winkler und Eckart Witzigmann speisen, um das zu überprüfen. Lassen Sie sich von einem Krebs zum Essen einladen – und Sie werden es selbst feststellen, was für großartige Gastgeber und exzellente Kochkünstler sie sind.
Da weiteren werden Krebsgeborene phantastische Kosmetikerinnen. Gerade bei der Beratung und Behandlung in Sachen Schönheit braucht es viel Fingerspitzengefühl und Einfühlungskraft – und damit sind Krebse eben richtiggehend gesegnet.
Die Krebse Kinder gar so gern haben, sind sie natürlich auch begeisterte und gute Hebammen, Kindergärtner(innen) und Lehrer. Des weiteren liegt ihnen die Tätigkeit des Sozialpädagogen und Sozialarbeiters (nach dem Buch *Die Akte Astrologie* von Gunter Sachs hat eine Recherche ergeben, daß Krebse signifikant häufig den Beruf des Sozialarbeiters ausüben). Und natürlich findet man auch unter sämtlichen Heil- und Pflegeberufen (Pflegepersonal, Ärzte) viele Krebse.
Ihre über alles geliebte Sicherheit hoffen Krebse natürlich auch als öffentliche Angestellte bzw. als Verwaltungsbeamte zu finden. Einerseits ist das passend, denn mit ihrer geruhsamen, korrekten, zuvorkommenden Art geben sie bestimmt den Idealtypus eines Beamten, Amtmanns oder Oberamtmanns ab. Aber wie gesagt, man achte auf die Umgebung und den Energiefluß: Die ganze Sicherheit der Welt hilft nichts, wenn man emotional verkümmert.

Der Tierkreis steht symbolisch für sämtliche Belange des Lebens

Machen Krebse auch Geld? Oder können sie nur in Helferberufen tätig sein, in denen man bekanntlich nicht gerade reich wird? Nun, was immer Krebse in die Hand nehmen, wächst, also auch Geld. Es scheint sogar, daß sie zu Geld ein besonders gutes Verhältnis haben. Krebse sind diesbezüglich durchaus mit Stieren vergleichbar, denen man nachsagt, daß sie auf Geld einen regelrechten Magnetismus ausüben. Krebse können ebenso steinreich werden; dafür stehen so »geldschwere« Namen wie die der Krebsgeborenen Friedrich Flick, John Rockefeller, Nelson Rockefeller und Soraya. Es ist für mich auch keine Frage, daß Krebs und Stier die Überzahl der hochdotierten Jobs bei Konzernen, Banken und Versicherungsanstalten unter sich aufteilen. Sie sind nicht unbedingt diejenigen, die ein Unternehmen führen – das überlassen sie gern Widdern, Steinböcken und Löwen –, aber sie verwalten das Geld.

Weil Krebse so sehr an Sicherheit orientiert sind, findet man sie natürlich auch überall dort, wo es um Sicherheit geht: in Versicherungen und sämtlichen Clubs und Vereinigungen, die Sicherheit für Personen, Tiere und Sachen, Gegenwärtiges, Zukünftiges und alle Eventualitäten verkaufen.

Auch da, wo die Vergangenheit erforscht und bewahrt wird – als Archäologe, Archivar, Museumspersonal, in der Pflege von Heimat und Tradition – finden sich viel Krebsgeborene.

Sie sind ausgezeichnete Heimarbeiter, die ihr Büro oder ihre Praxis direkt neben dem Schlafzimmer oder der Küche haben können und trotzdem ihr Pensum nach einem festen Plan schaffen. Ich bin der Überzeugung, daß Krebse, die zu Hause arbeiten, sogar so etwas wie einen »Heimvorteil« haben und besser und erfolgreicher sind, als wenn sie täglich zu ihrer Arbeitsstelle pendeln müßten. Von daher bringt das Zeitalter der globalen Vernetzung für Krebse eine große Chance: Sie können in ihrem geliebten Zuhause arbeiten und sind dennoch – via Internet und E-Mail – mit der ganzen Welt verbunden.

Unbedingt zu erwähnen sind ihre kreativen Neigungen und Talente. Ich kenne viele Krebse, die aus ihrer schöpferischen Kraft leben: Goldschmiede, Modedesigner, Fotografen, Layouter, Schneider, Floristen und so weiter. Ihr Mond verbindet Krebse mit einer Quelle unerschöpflicher Kreativität. Wenn sie entsprechenden Tätigkeiten nachgehen, sprudeln Einfälle nur so aus ihnen heraus: geniale, witzige, schöngeistige, herzergreifende und tröstende …

Bei soviel Lust an Gefühlhaftem, Kindlichem, Künstlerischem und Innerseelischem könnte der Eindruck entstehen, Krebsmenschen seien für den täglichen Lebenskampf zu sensibel, zu weich und anhänglich. Aber als ein kardinales Zeichen können sie auch ganz anders, besitzen großen Ehrgeiz, einen geradezu fanatischen Willen, Kampfgeist, Angriffslust, Strebsamkeit und Leistungsfreude.

DAS ARBEITSUMFELD UND DIE BERUFE DER KREBSE

Wo arbeiten Krebse am liebsten?

Krebse arbeiten gern in Berufen, in denen es um Angelegenheiten von Heim, Haus und Wohnung geht, wo Geborgenheit und Sichwohlfühlen wichtig sind und Gefühlhaftes, Innerseelisches eine Rolle spielen. Des weiteren interessieren sie sehr Bereiche der Gastronomie. Gern arbeiten sie auch dort, wo Kreativität gefragt ist. Wo Geburt, Erziehung, Pflege und Versorgung von Kindern eine Rolle spielen, findet man ebenfalls häufig Krebse. Das Reich der Märchen und Mythen zieht sie magnetisch an. Last, not least finden sich Krebse häufig in Berufen, die etwas mit Wasser, Meer und »Flüssigkeiten« zu tun haben, zum Beispiel Seefahrer, aber auch Getränkelieferanten.

Berufe der Krebse

A/B (Angestellter/Beamter) Arbeitsverwaltung, A/B Behörden Bund/Länder, A/B Bundesbank, A/B Bundesgrenzschutz, A/B Bundeswehrverwaltung, A/B Deutsches Patentamt, A/B Finanzverwaltung, A/B Gewerbeaufsicht, A/B Kommunalverwaltungen, A/B Kriminalpolizei, A/B Polizei, A/B Sozialversicherungsanstalten, A/B Zoll, Agraringenieur, Altenpfleger, Antiquitätenhändler, Anwendungsprogrammierer, Apotheker, Archäologe, Archivar, Astrologe, Atem- und Stimmlehrer, Bankkaufmann, Berufe in Umweltorganisationen, Berufsschullehrer, Bibliothekar, Bilanzbuchhalter, Biologe, Biologielaborant, biologisch-technischer Assistent, Biophysiker, Biotechniker, Blumenbinder, Botaniker, Buchhalter, Buchhändler, Bürogehilfe, Bürokaufmann, Chemielaborant, Chemiker, chemisch-technischer Assistent, Chemotechniker, Datenbankspezialist, Dekorateur, Dipl.-

Ing. Fachrichtung Chemie, Dipl.-Ing. in der Entwicklung, Dipl.-Ing. in Fertigungstechnik, Dipl.-Ing. Hoch- und Tiefbau, Dipl.-Ing. in der Konstruktion, Dipl.-Ing. im Metallbereich, Diplombetriebswirt, Diplomforstwirt, Diplomhandelslehrer, Diplommathematiker, Diplompädagoge, Diplompsychologe, Diplomsozialarbeiter, Diplomvolkswirt, Dorfhelfer, EDV-Organisator, Elektrotechniker, Energiemanager, Fachlehrer, Fachwirt für Tagungs-, Kongreß- und Messewirtschaft, Fahrlehrer, Familienpfleger, Fußpfleger, Gartenbauarchitekt, Gärtner, Gebäudetechniker, Gentechniker, Geologe, Geophysiker, Germanist, Gewerbelehrer, Grund- und Hauptschullehrer, Haustechniker, Hebamme, Heilerziehungspflegehelfer, Heilerziehungspfleger, Heilpädagoge, Heilpraktiker, Heimerzieher, Heimleiter, Historiker, Hochschullehrer, Hotelkaufmann, Informatiker, Innenarchitekt, Jugendpfleger, Kindergärtnerin, Kinderkrankenschwester, Kinderpflegerin, Kosmetiker, Krankengymnast, Krankenpflegehelfer, Krankenpfleger, Krankenschwester, Kunsterzieher, Kunsthistoriker, Landespfleger, Landschaftsplaner, Landwirt, landwirtschaftlich-technischer Assistent, Lebensmittelchemiker, Lehrer an Gymnasien, Lehrer in der Erwachsenenbildung, Maskenbildner, Masseur, medizinisch-technische Assistentin (MTA), Medieninformatiker, medizinischer Bademeister, Mikrobiologe, Museumswärter, Notar, Ökologe, Ökomanager, Organisator, pädagogischer Assistent, Philologe, Philosoph, Politiker, Politologe, Postmitarbeiter, Privatdozent, Psychotherapeut, Realschullehrer, Recyclingfachmann, Rektor, Religionswissenschaftler, Restaurator, Schriftsteller, Sekretärin, Seminarleiter, Sonderschullehrer, Speditionskaufmann, staatlich geprüfter Betriebswirt, Staatsanwalt, Statistiker, Steuerberater, Steuerbevollmächtigter, technischer Zeichner, Theologe, Tierarzt, Tierpräparator, Umweltberater, Verlagskaufmann, Versicherungskaufmann, veterinärmedizinische Assistentin, Werklehrer, Wirtschaftsjurist, Wirtschaftsprüfer, Zahnarzthelferin.

Test:
WIE »KREBSHAFT« SIND SIE EIGENTLICH?

Mit Hilfe des folgenden Tests können Sie in Erfahrung bringen, wie typisch Sie für Ihr Tierkreiszeichen sind. Gehen Sie dabei so vor: Kreuzen Sie die Zahl an, wenn Sie die jeweilige Frage mit Ja beantworten. Falls Sie also gern Testfahrer wären, würden Sie die Zahl 1 ankreuzen. Wenn nicht, würden Sie dies nicht tun.

	+		−
Wären Sie gern Testfahrer?	1		
Sind Sie ein Mensch, der gern Geld zurücklegt?	2		
Haben Sie gern mit Kunst zu tun?	3		
Sind Sie gern unter Menschen?	4		
Würden Sie gern Politik machen?	5		
Sagen Sie gern anderen, was sie tun sollen?	6		
Würden Sie gern allein in einer Wetterstation arbeiten?	7		
Lesen Sie viel und gern?	8		
Möchten Sie gern schwerkranke Menschen betreuen?	9		
Ist es Ihnen egal, was Sie arbeiten, Hauptsache, das Geld stimmt?	10		
Ordnen Sie sich leicht unter?	11		
Können Sie gut warten?	12		
Ist Ihnen Harmonie wichtig?	13		
Möchten Sie auf dem Lande leben und arbeiten?	14		
Stehen Sie gern in der Öffentlichkeit?	15		
Möchten Sie Falschparkern einen Strafzettel geben?	16		
Möchten Sie an einer Diät als Testperson mitmachen?	17		
Möchten Sie Gehälter abrechnen?	18		
Unterhalten Sie andere Leute gern?	19		
Arbeiten Sie gern im Team?	20		
Könnten Sie von der Hand in den Mund leben?	21		
Interessieren Sie sich für Mode?	22		
Mögen Sie das Risiko?	23		
Führen Sie gern technische Berechnungen durch?	24		
Wären Sie gern ein Entdeckungsreisender?	25		
Mögen Sie Veränderungen?	26		

	+	−
Möchten Sie auf einer Bühne stehen?	27	
Können Sie gut allein leben?	28	
Können Sie leicht auf die Tageszeitung verzichten?	29	
Möchten Sie gern Kinder betreuen?	30	
Halten Sie Gefühle für wichtiger als den Verstand?	31	
Können Sie leicht aus sich herausgehen?	32	
Liegt Ihnen das Wohlergehen anderer am Herzen?	33	
Sind Sie gern Gastgeber?	34	
Betreuen Sie gern Kranke?	35	
Sind Sie gern Lehrer?	36	
Sind Sie ein beständiger Mensch?	37	
Gehen Sie gern und häufig aus?	38	
Möchten Sie Menschen beraten?	39	
Möchten Sie Schaufenster dekorieren?	40	
Möchten Sie gefährliche Chemikalien transportieren?	41	
Würden Sie gern an einem Bankschalter stehen?	42	
Treiben Sie gern Sport?	43	
Würden Sie gern als Diskjockey arbeiten?	44	
Wären Sie gern Astronaut?	45	
Können Sie sich vorstellen, im Ausland zu arbeiten?	46	
Möchten Sie gern Reporter sein?	47	
Übernehmen Sie gern Verantwortung?	48	
Wären Sie gern Fotomodell?	49	
Können Sie leicht bei einer Sache bleiben?	50	

Summe: _____

Auswertung

Schreiben Sie immer dann ein Plus (+) links neben die Zahl, wenn Sie die Nummern **2**, **3**, **9**, **13**, **14**, **22**, **29**, **30**, **31**, **33**, **34**, **35** angekreuzt haben (maximal zwölfmal ein Plus).

Tragen Sie immer ein Minus (−) neben der Zahl ein, wenn Sie die Nummern **1**, **7**, **10**, **15**, **20**, **21**, **23**, **26**, **28**, **32**, **37**, **46** angekreuzt haben (maximal zwölfmal ein Minus).

Ziehen Sie die Anzahl der Minus- von der Anzahl der Pluszeichen ab. Die Differenz ist Ihr Testergebnis.

Saturn nimmt Maß und setzt Grenzen

Interpretation

Ihr Testergebnis beträgt 6 oder mehr Punkte: Sie sind eine hundertprozentige Krebspersönlichkeit. Alles, was in diesem Buch über die Natur Ihres Tierkreiszeichens geschrieben steht, trifft in besonderem Maße auf Sie zu. Sie sind gefühlvoll, fürsorglich, einfühlsam, intuitiv, aber auch schreckhaft und scheu. Sie sind – im positiven Sinn – fast wie ein Kind und erleben die Welt gefühlvoll und mit Ihrem Herzen.

Ihr Testergebnis liegt zwischen 2 und 5 Punkten: Bei Ihnen ist das Krebsnaturell gedämpft. Wahrscheinlich haben Sie einen Aszendenten, der die Qualität Ihrer Krebspersönlichkeit in einer anderen Richtung beeinflußt. Oder Ihr Mond hat diese Wirkung. Für Sie ist es daher interessant, die Stellung Ihres Mondes und Ihren Aszendenten im zweiten Teil dieses Buches kennenzulernen. Es kann aber auch sein, daß Sie durch frühere Erfahrungen dazu veranlaßt wurden, Ihr Krebsnaturell abzulehnen. Dann ist es besonders wichtig, daß Sie sich damit wieder anfreunden und es mehr zulassen.

Ihr Testergebnis beträgt weniger als 2 Punkte: Sie sind eine untypische Krebspersönlichkeit. Wahrscheinlich haben Sie einen Aszendenten, der sich völlig anders als das Krebsprinzip deuten läßt, oder Ihr Mond steht in einem solchen Zeichen. Es wird sehr spannend für Sie sein, dies im zweiten Teil des Buches herauszufinden. Sie haben es aber im Lauf Ihres Lebens womöglich auch für nötig befunden, Ihre Krebsseite abzulehnen und zu verdrängen. Es ist daher Ihre Aufgabe, sich mit diesem Teil Ihrer Persönlichkeit wieder anzufreunden: Sie sind zum großen Teil ein »Geschöpf des Wassers« mit einem Naturell, geschaffen, um das seelische Prinzip zu leben.

Teil II IHRE INDIVIDUALITÄT

*Der Aszendent und die Stellung von
Mond, Merkur & Co. –*

VORBEMERKUNG

In Teil I wurde erläutert, warum der Krebs Ihr »Sternzeichen« ist, nämlich weil die Sonne zum Zeitpunkt Ihrer Geburt in diesem Abschnitt des Tierkreises stand. Nun gibt es in unserem Sonnensystem bekanntlich noch andere Himmelskörper, von denen der Erdtrabant Mond und die Planeten für die Astrologie bedeutsam sind. Sie alle haben ebenfalls entsprechend ihrer Stellung bei einer Geburt eine spezifische Aussagekraft. Obendrein spielen auch noch der Aszendent, die astrologischen Häuser und weitere Faktoren eine Rolle. Alles zusammen ergibt ein Horoskop.

Dieses Wort hat seine Wurzeln im Griechischen und heißt soviel wie »Stundenschau«, weil ein Horoskop auf die Geburtsstunde (eigentlich Geburtsminute) genau erstellt wird. Es ist also eine – in Zeichen und Symbole übersetzte – Aufnahme der astrologischen Gestirnskonstellationen zum Zeitpunkt einer Geburt. Es spiegelt die vollständige Persönlichkeit eines Menschen wider.

Im folgenden werden die neben der Sonne wichtigsten Größen eines Horoskops gedeutet: Aszendent, Mond, Merkur, Venus, Mars, Jupiter und Saturn. Sie können mit Hilfe des Geburtstags und der Geburtszeit ihre Position im Tierkreis ermitteln und dann die jeweilige Bedeutung kennenlernen. Die Interpretation dieser Horoskopfaktoren ist manchmal vom Sonnenzeichen des oder der Betreffenden abhängig, im großen und ganzen jedoch nicht. Wenn Sie also zum Beispiel ein Stier wären, dessen Mond im Widder stünde, müßte diese Mondstellung genauso gedeutet werden, wie wenn Sie vom Sonnenzeichen her eine Waage- oder eine Fischepersönlichkeit wären. Entsprechend finden Sie in den verschiedenen Bänden dieser Buchreihe in der jeweiligen Beschreibung des Aszendenten-, Mond-, Merkur-, Venus-, Mars-, Jupiter- und Saturnzeichens die gleichen Aussagen.

Auf der anderen Seite ist es wichtig, zu verstehen, daß die Interpretation einer einzelnen Größe wie zum Beispiel Aszendent, Mond oder Sonne immer nur einen bestimmten Aspekt wiedergibt, der eventuell widersprüchlich zu dem sein kann, was über einen anderen Faktor gesagt ist. Die Kunst der Astrologie beruht aber gerade darauf, Verschiedenes, eventuell sogar Sich-Widersprechendes miteinander zu verbinden bzw. gemäß der eigenen Intuition und Erfahrung zu gewichten.

Die Tabellen zur Berechnung des Aszendenten, der Mond-, der Merkur-, der Venus-, der Mars- und der Jupiterstellung in diesem Band gelten nur für Ihr Tierkreiszeichen, die Saturntabelle gilt auch für alle anderen Zeichen.

DER ASZENDENT

Von Ihrem Sonnenzeichen her sind Sie ein Krebsgeborener, dies ist aber wie gesagt nur *ein* Aspekt Ihrer Persönlichkeit. Die Astrologie kennt noch viele andere, wovon der Aszendent der wichtigste ist.

Für die Bestimmung des Aszendenten muß man allerdings die genaue Geburtszeit kennen. Sie ist erfahrbar, weil sie auf dem Standesamt des Geburtsorts festgehalten wird. Wenn Sie also die Zeit, zu der Sie das Licht der Welt erblickt haben, nicht kennen, haben Sie die Möglichkeit, dort anzufragen und um Auskunft zu bitten.

Als ich seinerzeit damit begann, Horoskope zu erstellen, war ich sehr erstaunt darüber, daß die Geburtszeit neben dem Geburtstag in den Büchern der Standesämter festgehalten wird. Der Geburtstag dient dem Staat neben anderen Angaben zur eindeutigen Identifizierung einer Person. Aber welchen Zweck erfüllt für die Bürokratie die Geburtszeit? Für mich liegt darin auch heute noch kein größerer Nutzen als dieser: Durch die schriftliche Fixierung der Geburtszeit liefern die Behörden der Astrologie die wichtigste Berechnungsgrundlage und ermöglichen so jedem Menschen einen Blick auf den ganz persönlichen, einzigartigen Anfang seines Lebens.

Der Aszendent symbolisiert Ihre individuelle Note. Das Sonnen- oder Tierkreiszeichen haben Sie ja gemeinsam mit allen Menschen, die wie Sie zwischen dem 22. Juni und dem 22. Juli geboren sind. Der Aszendent jedoch ergibt sich aus Ihrer ganz persönlichen Geburtszeit.

Was ist denn nun der Aszendent? Bekanntlich dreht sich die Erde in zirka 24 Stunden um ihre eigene Achse. Von der Erde aus gesehen, beschreibt die Sonne dabei aber einen Kreis um unseren Planeten. Dieser Kreis wird – ebenso wie beim scheinbaren Kreislauf der Sonne um die Erde innerhalb eines Jahres – in zwölf Abschnitte unterteilt: die zwölf Zeichen des Tierkreises. Entsprechend steigt am östlichen Horizont etwa alle zwei Stunden ein neues Tierkreiszeichen auf. Dasjenige, das zum Zeitpunkt Ihrer Geburt gerade dort aufging, nennt man »Aszendent« (dieser Begriff ist abgeleitet vom lateinischen Wort *ascendere* = »aufsteigen«).

Die Deutung des Aszendenten ist auch dementsprechend, denn zunächst einmal wollen Ihre Anlagen (repräsentiert durch den Aszendenten) das gleiche wie das Tierkreiszeichen am Himmel, nämlich »aufgehen«. Wenn Sie also Aszendent Widder »sind«, dann strebt die durch dieses Zeichen symbolisierte Kraft danach, in Ihrem Leben aufzugehen und stärker zu werden. Sind Sie Aszendent Fische, dann versuchen sich Fischekräfte in Ihrem Leben bemerkbar zu machen. Man kann auch sagen, daß Ihr Aszendent mit zunehmendem Alter immer stärker wird. Manchmal ergänzen sich Aszendent und Tierkreiszeichen, zuweilen sind sie völlig entgegengesetzt. Entsprechend fällt es einem leichter oder schwerer, seinen Aszendenten zusammen mit seinem »Stern-« bzw. Sonnenzeichen in sein Leben zu integrieren.

DIE ERMITTLUNG DES ASZENDENTEN

A Suchen Sie in Tabelle 1 Ihren Geburtstag, und tragen Sie die zugehörige Zahl in Feld 1 auf Seite 75 ein
(zum Beispiel: 1. Juli ergibt 264).

B Multiplizieren Sie Ihre Geburtsstunde mit der Zahl 15
(0.00 Uhr ergibt 0; 10.00 Uhr ergibt 150; und 23.00 Uhr ergibt 345).
Tragen Sie die gefundene Zahl in Feld 2 auf Seite 75 ein.

C Teilen Sie Ihre Geburtsminute durch die Zahl 4
(0 Minuten ergibt 0; 10 Minuten ergibt 2,5; 40 Minuten ergibt 10).
Tragen Sie die gefundene Zahl in Feld 3 auf Seite 75 ein.

Tabelle 1

Datum	Zahl
21. Juni	254
22. Juni	255
23. Juni	256
24. Juni	257
25. Juni	258
26. Juni	259
27. Juni	260
28. Juni	261
29. Juni	262
30. Juni	263
1. Juli	264
2. Juli	265
3. Juli	266
4. Juli	267
5. Juli	268
6. Juli	269
7. Juli	270
8. Juli	271
9. Juli	272
10. Juli	273
11. Juli	274
12. Juli	275
13. Juli	276
14. Juli	277
15. Juli	278
16. Juli	279
17. Juli	280
18. Juli	281
19. Juli	282
20. Juli	283
21. Juli	284
22. Juli	285
23. Juli	286

D Suchen Sie in der Landkarte den Abschnitt, in dem Ihr Geburtsort liegt, und tragen Sie die Ortszahl in Feld 4 auf Seite 75 ein (München ergibt 12, Berlin ergibt 13).

E Bilden Sie die Zwischensumme 1 aus Feld 1 bis 4.

F War bei Ihrer Geburt Sommerzeit? Dann muß die Zahl 15 abgezogen werden. Die Sommerzeiten in Deutschland, Österreich und der Schweiz finden Sie in der folgenden Tabelle auf Seite 73 bzw. 74.

G Bilden Sie die Zwischensumme 2. Ergibt sich eine Zahl von über 360, dann muß die Zahl 360 abgezogen werden.

H Bilden Sie die Summe 3.

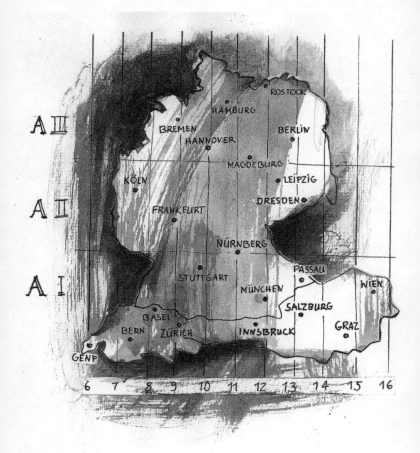

Sommerzeiten in Deutschland und Österreich

Jahr	Zeitraum
1940	1. April bis 31. Dezember
1941	1. Januar bis 31. Dezember
1942	1. Januar bis 1. November
1943	29. März bis 3. Oktober
1944	3. April bis 1. Oktober
1945	2. April bis 15. Oktober[1]
1946	14. April bis 7. Oktober
1947	6. April bis 5. Oktober[2]
1948	18. April bis 2. Oktober
1949	10. April bis 1. Oktober
	(D/sowj. bes. Zone bis 18. November)
1980	6. April bis 27. September
1981	29. März bis 26. September
1982	28. März bis 25. September
1983	27. März bis 24. September
1984	25. März bis 29. September
1985	31. März bis 28. September
1986	30. März bis 27. September
1987	29. März bis 26. September
1988	27. März bis 24. September
1989	26. März bis 23. September
1990	25. März bis 29. September
1991	31. März bis 28. September
1992	29. März bis 26. September
1993	28. März bis 25. September
1994	27. März bis 24. September
1995	26. März bis 23. September
1996	31. März bis 26. Oktober
1997	30. März bis 25. Oktober
1998	29. März bis 24. Oktober
1999	28. März bis 30. Oktober
2000	26. März bis 28. Oktober
2001	25. März bis 27. Oktober
2002	31. März bis 27. Oktober
2003	30. März bis 26. Oktober

[1] Im sowjetisch besetzten Gebiet Deutschlands vom 24. Mai bis 24. September doppelte Sommerzeit (mitteleuropäische Zeit minus 2 Stunden). Wenn Sie davon betroffen sind, sollten Sie sich ein professionell erstelltes Horoskop anfertigen lassen (siehe Info am Ende dieses Buches).

[2] 1947: doppelte Sommerzeit. Siehe Anm. 1.

Sommerzeiten in der Schweiz

1941	5. Mai bis 6. Oktober
1942	4. Mai bis 5. Oktober

Ab **1981** wie Deutschland und Österreich

Bestimmen Sie in Tabelle 2 Ihren Aszendenten. Dabei müssen Sie noch unterscheiden, ob Ihr Geburtsort in Abschnitt AI, AII oder AIII der Landkarte liegt.

Tabelle 2

AI	AII	AIII	Aszendent
270–280	270–279	270–278	Widder
281–284	280–283	279–282	Widder/Stier
285–297	284–295	283–291	Stier
298–303	296–301	292–299	Stier/Zwillinge
304–321	302–319	300–313	Zwillinge
322–330	320–328	314–325	Zwillinge/Krebs
331–355	329–353	326–348	Krebs
356–7	354–5	349–3	Krebs/Löwe
8–35	6–34	4–31	Löwe
36–48	35–47	32–46	Löwe/Jungfrau
49–77	48–76	47–75	Jungfrau
78–89	77–89	76–89	Jungfrau/Waage
90–117	90–118	90–119	Waage
118–130	119–131	120–132	Waage/Skorpion
131–158	132–160	133–164	Skorpion
159–171	161–173	165–175	Skorpion/Schütze
172–197	174–200	176–204	Schütze
198–208	201–210	205–213	Schütze/Steinbock
209–228	211–230	214–235	Steinbock
229–235	231–237	236–239	Steinbock/Wassermann
236–249	238–251	240–254	Wassermann
250–254	252–255	255–256	Wassermann/Fische
255–265	256–266	257–266	Fische
266–269	267–269	267–269	Fische/Widder

Wenn Ihr Aszendent auf ein doppeltes Zeichen (zum Beispiel Widder/Stier) fällt, ist es ratsam, sich Ihren Aszendenten genau bestimmen zu lassen (siehe Info am Schluß des Buches).

Beispiel: Helga Mustermann, geb. am 1.7.1961 um 18.45 Uhr in Köln

A	Feld 1	Ihr Geburtsdatum ergibt die Tageszahl	264
B	Feld 2	Ihre Geburtsstunde ergibt die Stundenzahl	270 (18 mal 15)
C	Feld 3	Ihre Geburtsminute ergibt die Minutenzahl	11 (45 durch 4)
D	Feld 4	Ihr Geburtsort ergibt die Ortszahl	7,5

E	Zwischensumme 1		552,5
F	Sommerzeit (?)	(–15) nein	–

G	Zwischensumme 2		552,5
	Über 360 (?)	(–360) ja	– 360

H	**Summe 3**		**192,5**

Im Beispiel ist der Aszendent (192,5 in AII) Schütze.

Hier können Sie Ihren Aszendenten berechnen

A	Feld 1	Ihr Geburtsdatum ergibt die Tageszahl	_____
B	Feld 2	Ihre Geburtsstunde ergibt die Stundenzahl	_____
C	Feld 3	Ihre Geburtsminute ergibt die Minutenzahl	_____
D	Feld 4	Ihr Geburtsort ergibt die Ortszahl	_____

E	Zwischensumme 1		_____
F	Sommerzeit (?)	(–15)	_____

G	Zwischensumme 2		_____
	Über 360 (?)	(–360)	_____

H	**Summe 3**		_____

Mein Aszendent lautet: _____

DIE ASZENDENTEN DER KREBSE

Wenn Sie Ihren Aszendenten ermittelt haben, können Sie nun im folgenden etwas darüber erfahren, was er über bestimmte Teilbereiche Ihrer Persönlichkeit aussagt (siehe auch die Vorbemerkung am Beginn von Teil II). Haben Sie ein doppeltes Zeichen errechnet, lesen Sie am besten nach, was über beide geschrieben steht – meistens erkennt man dann schon, welches das wahrscheinlichere ist. Sie können sich aber auch den Aszendenten bzw. ein ganzes Horoskop mit allen Gestirnskonstellationen errechnen lassen (siehe die Info am Ende dieses Buches).

Aszendent WIDDER

> **Vorteile** Direkt, spontan, dynamisch, durchsetzungsstark
> **Nachteile** Ungeduldig, launisch
> **Aszendentenherrscher** Mars

Darüber sollte kein Zweifel bestehen: Sie geben den Ton an, Sie treffen die Entscheidungen – und zwar blitzschnell. Gegenargumente interessieren Sie zunächst einmal herzlich wenig! Manche werden Sie daher gelegentlich »skrupellos« nennen, vielleicht sogar einen »Egoisten« ... Aber was soll man machen? Sie sind nun mal ein temperamentvoller Mensch! Außerdem treten Sie ja niemandem grundlos auf die Füße. Also warum sollten Sie auf Ihre spontane, direkte Art verzichten, nur weil Sie von Schlafmützen umringt sind? Man wird doch wohl noch sagen dürfen, was Sache ist ...! Sie behaupten ja auch nicht, daß Sie mit Ihrem Aszendenten Widder ins diplomatische Korps aufgenommen werden möchten oder eine Beamtenkarriere mit dem Prädikat »gute Führung« anstreben. Dafür sind Sie viel zu temperamentvoll und ungeduldig.

Ihre Qualitäten sind ganz anderer Natur: Überall da, wo Neues entsteht, wo expandiert wird, da haben Sie Ihre große Chance. Sie sind der Ausputzer, und das nicht nur auf dem Fußballfeld. Losstürmen, zupacken, durchgreifen – das können Sie wie kaum ein zweiter.

Obwohl nicht gerade feinfühlig, sind Sie trotzdem sehr beliebt. Im Grunde bleiben Sie ein herrlicher Kindskopf bis ins hohe Alter – sind aber auch mit Achtzig noch unfähig, Ihre Wut und Ungeduld in den Griff zu kriegen.

Aszendenten-Check
Wie ergänzen sich Sonne und Aszendent? Ihr Sonnenzeichen Krebs und Ihr Aszendentenzeichen Widder sind widersprüchlich. Das Widderprinzip setzt auf Bewegung und Dynamik, das Krebsprinzip auf Ruhe, Statik und Gefühl. Sie geraten daher immer wieder in ein Spannungsfeld zwischen Antrieb und Hemmung. Letztlich profitieren Sie aber davon, weil Ihre Aktionen nicht verpuffen und Sie nicht vor lauter Ruhe erstarren und einschlafen.

Aszendent STIER

> **Vorteile** Solide, sachlich, praktisch, sinnlich
> **Nachteile** Stur, inflexibel
> **Aszendentenherrscher** Venus

Von Ihrer Aszendentenkraft her sind Sie ein Praktiker, der das Leben realistisch und mit Hilfe seiner fünf Sinne betrachtet. Wertvoll ist, was gut klingt, angenehm riecht und schmeckt, schön aussieht und sich anfassen läßt. Außerdem sind Sie hedonistisch, also bis in die Zehenspitzen genußorientiert, dabei aber nie leichtsinnig, flatterhaft oder unzuverlässig. Schnaps ist Schnaps, und Dienst ist Dienst! Und ohne Arbeit keine Kohle und ohne Kohle kein Vergnügen! Manche sehen in Ihnen deswegen nichts anderes als einen schnöden Materialisten, ohne zu erkennen, was Sie wirklich sind: Realist nämlich – und praktisch durch und durch, mit beiden Beinen fest auf der Erde.
Was Sie einmal als Ihr Eigentum deklariert haben, lassen Sie sich nur ungern wieder nehmen. Doch Sie sind kein knausriger Mensch; Sie sind durchaus bereit zu teilen, aber niemand darf Sie drängen!
Wenn Sie lieben, würden Sie sogar Ihr letztes Hemd verschenken. In derart rosaroter Stimmung wird aus Ihnen ein Philosoph, der nächtelang über Gott und die Welt räsoniert und sich vom wortkargen und nüchternen Pragmatiker zum redegewandten Charmeur mausert. Ihr Partner darf alles, bloß kein Asket sein – genausowenig aber auch kein lockeres Vögelchen, das Ihr geliebtes Geld zum Fenster rauswirft.

Aszendenten-Check
Wie ergänzen sich Sonne und Aszendent? Ihr Sonnenzeichen Krebs und Ihr Aszendentenzeichen Stier ergänzen sich ausgezeichnet. Sie sind

ein Mensch, in dessen Nähe alles wächst und gedeiht, fast so etwas wie ein Katalysator. Sie sind realistisch, aber nicht dogmatisch, erdverbunden, aber nicht materialistisch. Etwas stur und inflexibel sind Sie gelegentlich, aber da kann man ja auch bewußt gegensteuern.

Wichtig für Sie: Wo steht Venus? Siehe das Kapitel »Das Venushoroskop – Ihre Liebesfähigkeit«!

Aszendent ZWILLINGE

> **Vorteile** Gewandt, beredt, vielfältig, kommunikativ
> **Nachteile** Zerstreut, unsicher
> **Aszendentenherrscher** Merkur

Lässig wie die Rose am Revers tummeln Sie sich durchs Leben, welches Ihnen, solange Sie in guter Verfassung sind, nie eintönig grau, sondern bunt und vielfältig wie der Blick durch ein Kaleidoskop erscheint. Sie beherrschen oft mehrere Sprachen, bestimmt aber einige Dialekte, und könnten ohne weiteres in völlig unterschiedlichen Branchen arbeiten oder das Management führen. Je unterschiedlicher die Aufgaben sind, die man Ihnen stellt, um so besser werden Sie. Am bemerkenswertesten sind Ihr Redetalent und Ihre Fähigkeit, Kontakte zu schließen. Aber Sie wollen das Leben in allen Nuancen auskosten, sind ungeheuer neugierig und möchten möglichst viele Menschen kennenlernen, und dafür muß man eben reden, reden, reden ...
Dogmen, starre Regeln, die Zehn Gebote oder der »Bart des Propheten« lassen Ihnen einen Schauer über den Rücken laufen. Denn Ihrer tiefsten Überzeugung nach hält sich das Leben auch nicht an feste Vorgaben und überkommene Vorstellungen, sondern gleicht eher einer schillernden Seifenblase, einem Glasperlenspiel oder einer Komödie mit ständig wechselnden Rollen.
Es gibt allerdings auch noch ein andere Seite bei Ihnen, der Sie weit weniger Aufmerksamkeit schenken: eine tiefe, hinterfragende, bohrende, verurteilende. Sie spielt Ihren Schatten, dämpft zuweilen Ihren Esprit, zieht Sie sogar manchmal völlig in den Keller.
Freiheit und Unabhängigkeit stehen in Ihrer persönlichen Werteskala an der Spitze, weshalb Sie auch regelmäßig Probleme in festen Beziehungen bekommen.

Aszendenten-Check
Wie ergänzen sich Sonne und Aszendent? Ihr Sonnenzeichen Krebs und Ihr Aszendentenzeichen Zwillinge sind schwer unter einen Hut zu bringen. Um es ganz einfach zu sagen: Der »Krebsteil« will seine Ruhe, der »Zwillingeteil« möglichst viel erleben. Das kann sehr anregend, aber zuweilen auch wahnsinnig nervig sein.

Aszendent KREBS

> **Vorteile** Gefühlvoll, häuslich, sensibel, fürsorglich
> **Nachteile** Launisch, abhängig
> **Aszendentenherrscher** Mond

Sie haben eine doppelte Krebsnatur, weil Sie sowohl vom Sonnen- als auch vom Aszendentenzeichen her Krebs »sind«. Nun kommt es allerdings ganz darauf an, ob Sie vor oder nach dem Sonnenaufgang geboren wurden. Diese Unterscheidung ist in der Astrologie äußerst wichtig. Sie sollten sich daher ein sogenanntes Radixhoroskop erstellen lassen (siehe die Info am Ende dieses Buches), denn anhand eines solchen Geburtshoroskops läßt sich diese wichtige Frage entscheiden. Vielleicht finden Sie es aber auch beim weiteren Lesen heraus.
Wurden Sie vor oder genau bei Sonnenaufgang geboren, steht Ihre Sonne im ersten Haus. Dann sind sie ein »Paradekrebs«: gefühlvoll, fürsorglich, intuitiv und sehr anhänglich. Für Sie trifft all das, was im ersten Teil des Buches geschrieben steht, in besonderem Maße zu. Was Ihren Beruf angeht, sollten Sie unbedingt eine Führungsposition anstreben, denn dafür spricht diese Gestirnskonstellation.
Wurden Sie hingegen nach Sonnenaufgang geboren, sind Sie eher ein nachdenklicher, sensibler Mensch, der es nicht leicht hat, seine Krebseigenschaften zu leben. Sie verfügen dafür über besondere mentale und künstlerische Begabungen und sind Ihrer Zeit häufig voraus. Durch unkonventionelles und schöpferisches Denken und Handeln können Sie neue (berufliche) Wege einschlagen. Wichtig ist, daß Sie Ihr soziales Verantwortungsgefühl entwickeln, denn Sie sind ein Mensch, den es nicht glücklich macht, wenn er nur an sich selbst denkt: Sie haben anderen – der Gesellschaft als Ganzes – etwas zu geben.

Aszendenten-Check
Wie ergänzen sich Sonne und Aszendent? Sonnen- und Aszendentenzeichen sind gleich und verstärken sich gegenseitig.

Wichtig für Sie: Wo steht der Mond? Siehe das Kapitel »Das Mondhoroskop – Ihre Gefühle«!

Aszendent LÖWE

> **Vorteile** Selbstbewußt, großzügig, herzlich, schöpferisch
> **Nachteile** Stolz, träge
> **Aszendentenherrscher** Sonne

Sie sind ein ganz besonderer Mensch. Sie gehen, sprechen, lächeln anders – nie unscheinbar, sondern immer mit Ausdruck. Ihr Geschmack ist untrüglich, und weil Sie nur das Echte und Ursprüngliche lieben, ist Ihr Leben ziemlich anspruchsvoll und teuer. Dazu kommt eine ungeheure Vitalität (ja, Sie können auch stinkfaul sein, aber das steht auf einem anderen Blatt).
Zurückhaltung, Bescheidenheit und Schamgefühl kommen in Ihrem Repertoire kaum vor. Sie sagen, was Sie denken, und tun, was Sie wollen – und damit basta! Kein Wunder, daß die anderen den Atem anhalten und Sie offen oder heimlich bewundern.
Gibt es allerdings Spannungen und Widersprüche, geben Sie rasch auf. Sie müssen in solchen Situationen verstehen, daß andere einen gewissen Respekt vor Ihnen haben: Sie werden es nicht so leicht wagen, Ihnen mit Forderungen oder gar Kritik zu nahe zu treten. Denn viele haben den Eindruck, daß Sie bei allem Humor und Großmut doch ziemlich abweisend sein können. Halten Sie darauf Ihr Augenmerk, machen Sie es anderen leichter, an Sie heranzukommen, damit Sie sich nicht – völlig unabsichtlich – selbst isolieren.
Wen Sie lieben, schließen Sie voll in Ihr Herz, aber sich einem Menschen zu unterwerfen empfinden Sie als Selbstaufgabe und Demütigung.

Aszendenten-Check
Wie ergänzen sich Sonne und Aszendent? Ihr Sonnenzeichen Krebs und Ihr Aszendentenzeichen Löwe haben »Annäherungsprobleme«. Ihr »Krebsteil« sucht Verinnerlichung, macht Sie eher introvertiert. Ihr

Die Sonne ist die wichtigste Kraft in einem Horoskop

»Löweteil« möchte sich ausleben, macht Sie also eher extravertiert. Aus einem anfänglich problematischen Entweder-Oder kann mit der Zeit jedoch ein interessantes Sowohl-als-auch werden.

Aszendent JUNGFRAU

> **Vorteile** Zuverlässig, ehrlich, sachlich, beschwingt
> **Nachteile** Pessimistisch, kritisch
> **Aszendentenherrscher** Merkur

Geistig fit und jung zu bleiben ist Ihnen sehr wichtig ... genauso wichtig wie ein ordentlicher Gefühlshaushalt. Von Verdrängungen und unausgesprochenen Emotionen halten Sie nämlich nichts – Sie wollen sich mit Ihren Gefühlen auseinandersetzen, darüber reden, um sich ein reines, unbeschwertes Wesen zu erhalten. Sie wissen, Sie schlafen dann besser. So lernen Sie von Kind auf, Ihre Wünsche allmählich in den Griff zu kriegen, wenn nötig, aufzuschieben, bis die Gelegenheit günstiger ist. Oder Sie streichen sie nach dem Motto »Was ich nicht weiß, macht mich nicht heiß« ganz von Ihrer Liste: eine äußerst pragmatische Einstellung.

Diese Vernunft, gepaart mit einer gewissen Nüchternheit, äußert sich auch bei anderen Gelegenheiten: In der Liebe zum Beispiel lodern die Flammen der Leidenschaft zwar durchaus heftig, aber Sie suchen auch ruhigere Freuden wie Freundschaft, Zuneigung, Zärtlichkeit, Fürsorge und Treue.

Anderen gegenüber sind Sie sehr kritisch. Als Entschuldigung läßt sich nur anführen, daß Sie mit sich selbst noch härter umspringen.

Aszendenten-Check
Wie ergänzen sich Sonne und Aszendent? Ihr Sonnenzeichen Krebs und Ihr Aszendentenzeichen Jungfrau ergänzen sich bestens: Sie sind einerseits ein praktischer, realistischer Mensch, der sein Augenmerk auf die Dinge richtet, die sein Leben sicher machen können. Andererseits besitzen Sie ein reiches Gefühlsleben und eine tiefe Intuition. Ihr Lebensweg wird daher immer von praktischer Vernunft und emotionalem Abwägen geleitet – die besten Voraussetzungen für ein schöpferisches und befriedigendes Leben.

Aszendent WAAGE

> **Vorteile** Anmutig, charmant, stilvoll, neutral
> **Nachteile** Abhängig, unecht
> **Aszendentenherrscher** Venus

Mit Ihrer entgegenkommenden, freundlichen Art gelingt es Ihnen schnell, Kontakt zu anderen zu finden, und Sie wissen sofort, was Ihre Mitmenschen möchten. Bei Ihnen selbst blicken Sie allerdings weniger gut durch. Spontane Entscheidungen fallen Ihnen besonders schwer. Sie müssen alles genau abwägen, und häufig entscheiden dann andere für Sie. Das ist auch in Partnerschaften der Fall. Wenn Sie am Anfang einer Liebe stehen, mag das noch angehen, aber auch dann, wenn eine Beziehung zu Ende geht, treffen eher Ihre Partner die Entscheidung, obwohl Sie in Wirklichkeit längst mit dem Gedanken einer Trennung gespielt haben.

Kreativität ist Ihnen angeboren. Sie haben Geschmack, Stil und tolle Einfälle. Der Nachteil: Alltagsroutine fällt Ihnen schwer. Am liebsten würden Sie immer nur schwelgen, lieben, die Welt verschönern ... Und zwar nicht nur äußerlich, sondern auch atmosphärisch. Sie sind bemüht, harte Kontraste und kantige Widersprüche in Ihrer Umgebung nach Möglichkeit zu vermeiden. Unter Freunden, in einer Partnerschaft oder Familie genauso wie in einem Arbeitsteam sorgen Sie für eine angenehme, heitere und entspannte Atmosphäre.

Das ist großartig, wenn es darum geht, Konflikte zu vermeiden oder Streithansel zu versöhnen. Aber es kann auch des Guten zuviel werden, nämlich dann, wenn Sie Unstimmigkeiten grundsätzlich aus dem Weg gehen. Lernen Sie, daß ein gewisses Maß an Streit und Auseinandersetzungen zu einem erfüllten Leben gehören!

Aszendenten-Check
Wie ergänzen sich Sonne und Aszendent? Ihr Sonnenzeichen Krebs und Ihr Aszendentenzeichen Waage machen Sie zu einem fürsorglichen und liebevollen Menschen. Sie müssen lernen, wenn es angezeigt scheint, auch mal etwas zu verlangen – dann werden Sie sehr erfolgreich sein.

Wichtig für Sie: Wo steht Venus? Siehe das Kapitel »Das Venushoroskop – Ihre Liebesfähigkeit«!

Aszendent SKORPION

Vorteile Furchtlos, unergründlich, leidenschaftlich
Nachteile Mißtrauisch, starr
Aszendentenherrscher Pluto

Nach außen hin pflegen Sie den Kult des geheimnisvollen Unbekannten: Keiner soll wissen, wie's in Ihrem Inneren aussieht. Sie selbst allerdings lesen in anderen wie in einem offenen Buch: Sie haben den Röntgenblick und einen »körpereigenen Lügendetektor« noch dazu. Gnadenlos decken Sie auf, wo immer mit gezinkten Karten gespielt wird, und legen, wenn's sein muß, den Finger genau in die offene Wunde. Stets sind Sie auf der Suche nach dem Echten und Wahren und weisen alles Künstliche und Oberflächliche kompromißlos ab.

Allerdings gibt es bekanntlich immer mehrere Wahrheiten – und hier beginnt das Problem: Sie neigen nämlich dazu, Ihre Meinung (oder diejenige, der Sie sich angeschlossen haben) zur alleinseligmachenden zu erklären. Sie müssen lernen, von einseitigen Vorstellungen loszukommen.

Ihr Lebensstil wird weniger von äußerlicher Bequemlichkeit geprägt als von Entschlossenheit und Konsequenz. Sie brauchen daher Herausforderungen. Es ist sogar so, daß Sie um so mehr leisten, je größer Ihre Aufgaben sind.

Aszendenten-Check

Wie ergänzen sich Sonne und Aszendent? Sie sind ein Mensch mit doppelter Wasserbetonung – denn sowohl der Krebs als auch der Skorpion gehören diesem Element an. Für die lebenspraktische Bewältigung haben Sie mit dermaßen viel Wasser ähnlich wie ein Krebs mit dem Aszendenten Fische manchmal Ihre Probleme, das müssen Sie zugeben. Dafür sind Sie unglaublich sensibel, einfühlsam, fürsorglich und allem Seelischen gegenüber sehr aufgeschlossen. Versuchen Sie, einen Weg zu finden, auf dem Sie Ihr großes Mitgefühl und Ihre schöpferischen Talente einbringen können.

Aszendent SCHÜTZE

> **Vorteile** Optimistisch, aufgeschlossen, mitreißend, jovial
> **Nachteile** Unrealistisch, leichtgläubig
> **Aszendentenherrscher** Jupiter

Ihr Leben ist eine fortwährende Suche nach Abwechslung und Überraschung, Änderung und Verwandlung: Es gibt für Sie keine größere Horrorvorstellung als die Aussicht, daß alles so bleibt, wie es ist. Als Maßnahme gegen die Langeweile stürzen Sie sich ins Abenteuer, treiben exzessiven Sport, fahren schnelle Autos und verbringen Ihren Urlaub abseits jeder touristischen Trampelroute. Streß und Improvisation sind die Motoren, die Sie antreiben und zu Höchstleistungen trimmen. Karriere machen Sie daher bestimmt nicht dort, wo Routine das wichtigste ist.

Parallel zu draußen ist auch drinnen Action angesagt: Sie kennen die Macht der Phantasie und zaubern daraus wie aus einer magischen Wundertüte immer wieder etwas Neues, Buntes hervor.

Ihr Auftreten ist dynamisch. Ausstrahlung braucht der erfolgreiche Mensch, Faszination, Charisma, Sex-Appeal! Und Sie strotzen von alledem! Wer es sich grundlegend mit Ihnen verderben will, braucht nur die Unwahrheit zu sagen. Lügen verachten Sie. Man darf von Ihnen auch nicht erwarten, daß Sie Ihre aufrichtige Meinung verbergen. Sie sagen, was Sie denken, und verärgern damit oft andere.

Aszendenten-Check
Wie ergänzen sich Sonne und Aszendent? Sie haben beides, Inspiration und Intuition. Damit sind Sie ein äußerst begabter Mensch. Aber Sie brauchen Ziele, die Sie begeistern, und Menschen, die Sie begeistern können. Zuweilen geraten Sie in einen Konflikt zwischen Ihrer Sehnsucht nach einem »Nest« und Ihrem Bedürfnis nach Ferne. Das macht Sie ruhelos, aber es erweitert auch Ihren Horizont.

Wichtig für Sie: Wo steht Jupiter? Siehe das Kapitel »Das Jupiterhoroskop …«!

Aszendent STEINBOCK

> **Vorteile** Sachlich, objektiv, gerecht, zäh
> **Nachteile** Hart, kalt
> **Aszendentenherrscher** Saturn

Sie sind ein Mensch für den zweiten Blick, nicht besonders auffällig oder selbstbewußt, auch nicht unbedingt umwerfend charmant. Aber Sie sind entschlossen, zäh und willensstark. So wie die richtigen Steinböcke in den Bergen für ein Leben droben unterm Gipfel geschaffen sind, gehören auch Sie hinauf – und werden dort eines Tages landen. Auf jeden Fall haben Sie die richtigen Voraussetzungen für einen Gipfelsturm: Sie sind genügsam, zäh und ausdauernd.

Ihre berufliche Ausgangslage ist also bestens. Sie sind dafür prädestiniert, Verantwortung zu übernehmen, andere zu führen und ihnen ein Vorbild zu sein. Weil Sie die Dinge »von oben herab« betrachten, vertreten Sie ein übergeordnetes Prinzip, das Sie zum Wohle aller einzusetzen in der Lage sind. In der Organisation und Verwaltung leisten Sie Hervorragendes.

Doch alles hat seinen Preis. Weil Sie für einen harten Lebenskampf gerüstet sind, ist Ihr Gefühlsleben entsprechend spärlich. Sie haben in aller Regel schon früh erfahren, daß das mit den Gefühlen so eine Sache ist, daß sie verletzlich und hilflos machen ... Also besser, man zeigt sie nicht. Daraus wurde mit der Zeit eine Gewohnheit.

Aszendenten-Check
Wie ergänzen sich Sonne und Aszendent? Ihr Sonnenzeichen Krebs und Ihr Aszendentenzeichen Steinbock sind sehr verschieden, was zu Spannungen führen kann. Aber Probleme machen Ihnen nicht nur zu schaffen, sondern sie bringen Sie auch weiter – und das bedeutet Ihnen um so mehr, je älter Sie werden. Am schwierigsten ist es, damit umzugehen, daß Sie sowohl eine tiefe Bindung wünschen – also extrem *du*-orientiert sind – als auch sehr gern Karriere machen. Sie werden im Lauf Ihres Lebens aber einen guten Kompromiß finden.

Aszendent WASSERMANN

> **Vorteile** Human, frei, unkonventionell, erfinderisch
> **Nachteile** Abgehoben, nervös
> **Aszendentenherrscher** Uranus

Sie haben die richtige Mischung aus kühler Vernunft, exzentrischen Angewohnheiten und schöpferischer Phantasie. Virtuos beherrschen Sie die feinsten gesellschaftlichen Umgangsformen und verachten dennoch jede Regel. Ihr bestbehütetes Gut ist Ihre Unabhängigkeit. Um sie zu retten, opfern Sie auch mal eine sichere, aber sterbenslangweilige Karriere als Beamter oder Angestellter im öffentlichen Dienst. Routine, Arbeit nach Vorschrift und Vorgesetzte, die Ihnen wie Geier aufs Aas auf die Finger starren, bedeuten das Aus für Ihr sprühendes Temperament.

Ihr Charakter zeigt eine gewisse Ähnlichkeit mit »Luft«. So sind Sie vom Wesen her sehr transparent und offenbaren sich leicht anderen Menschen. Und Sie lassen sich auch nur schwer greifen und begreifen und lösen sich wie Luft auf, wenn man Sie einmal wirklich packen möchte. Gefühle und Leidenschaften sind Ihnen vertraut. Aber diese berühren Sie niemals heftig und tief. Daher erfreuen Sie sich auch im Regelfall einer inneren Harmonie und Gelassenheit. Ihr Temperament ist eher fröhlich, heiter – sanguinisch.

Aszendenten-Check

Wie ergänzen sich Sonne und Aszendent? Ihr Sonnenzeichen Krebs und Ihr Aszendentenzeichen Wassermann sind schwer unter einen Hut zu bringen. Um es deutlich zu sagen: Der »Krebsteil« will seine Ruhe, das »Wassermann-Naturell« hingegen möchte möglichst viel erleben. Das kann wahnsinnig nervig, aber – bei genügend Kompromißbereitschaft und geistiger Aufgeschlossenheit – auch sehr anregend sein.

Aszendent FISCHE

> **Vorteile** Geheimnisvoll, intuitiv, sensibel, verständnisvoll
> **Nachteile** Unsicher, unrealistisch
> **Aszendentenherrscher** Neptun

Sie sind ein ewiges Rätsel! Naiv wie ein Kind, mysteriös wie eine Sphinx – mal messerscharf denkend, ja fast schon genial, dann wieder völlig abwesend, träumend, zerstreut, unfähig, die einfachsten Dinge auf die Reihe zu bringen. Gewöhnungsbedürftig für alle, die mit Ihnen leben, sind die Phasen, in denen Sie im Chaos versinken, sich gehenlassen und vernachlässigen.

Am erstaunlichsten ist Ihre Intuition – Ihre fast schon übersinnlichen Fähigkeiten: als könnten Sie Gedanken lesen, in die Zukunft blicken und hellsehen. Als Frau sind Sie noch eine Spur mysteriöser, obwohl Sie als Mann natürlich ebenfalls diesen »Faktor X« besitzen, ihn aber lieber vor der Öffentlichkeit verbergen. Auf der anderen Seite lassen Sie auch kaum ein Fettnäpfchen aus: Wenn's darum geht, sich so richtig schön danebenzubenehmen, kann Ihnen keiner das Wasser reichen! Auch das ist ein Grund, warum Sie sich oft so einsam und unverstanden fühlen: »Keiner liebt mich, keiner versteht mich ...« – ist das nicht Ihr Lieblingsvorwurf gegenüber dem Rest der Welt? Irgendwann werden Sie verstehen, warum Sie häufig allein sind: weil Sie so am glücklichsten sind! Das heißt jetzt nicht, daß Sie ins Kloster oder ins Himalajagebirge gehören. Im Gegenteil! Sie sind eine derartig schillernde und reizende Person, daß es nichts Schöneres gibt, als mit Ihnen den ewigen Reigen der Wassernymphen und Faune zu tanzen: locken, sich fangen lassen, entkommen, lachen und davonlaufen ...

Aszendenten-Check
Wie ergänzen sich Sonne und Aszendent? Sie sind wie der Aszendent Skorpion ein Mensch mit doppelter Wasserbetonung – denn sowohl Krebs als auch Fische gehören diesem Element an. Für die Bewältigung Ihres Alltags haben Sie mit dermaßen viel Wasser zuweilen Probleme. Dafür sind Sie unglaublich sensibel, einfühlsam, fürsorglich und allem Seelischen gegenüber sehr aufgeschlossen. Versuchen auch Sie, einen Weg zu finden, auf dem Sie Ihr großes Mitgefühl und Ihre schöpferischen Anlagen einbringen können.

Das Mondhoroskop –
IHRE GEFÜHLE

Im folgenden Kapitel geht es darum, in welchem Zeichen der Mond zum Zeitpunkt Ihrer Geburt stand. Denn der Mond ist in der Astrologie neben der Sonne das bedeutsamste Gestirn.

Mondzeichen

Der Mond

»Au clair de la lune,
mon ami Pierrot,
prête-moi ta plume,
pour écrire un mot.
Ma chandelle est morte,
je n'ai plus de feu.
Ouvre-moi ta porte
pour l'amour de Dieu.«

Im Schein des Mondes,
mein Freund Pierrot,
leih mir deine Feder,
um ein Wort zu schreiben.
Meine Kerze ist aus,
ich habe kein Feuer mehr.
Öffne mir deine Türe
um der Liebe Gottes willen.

Französisches Volkslied

In einem Schöpfungsmythos heißt es, der Mond sei ein Kind der Erde. Ein anderer beschreibt ihn als Teil unseres Planeten, den dieser aus sich herausgerissen und in den Himmel geschleudert habe, um damit Raum für das Wasser der großen Ozeane zu schaffen: Und dieses Wasser brachte der Erde Fruchtbarkeit. Zu letzterer Geschichte würde passen, daß das Volumen des Mondes, großzügig bemessen, etwa so groß ist wie der Raum, den alle Meere zusammen einnehmen. Doch schon die frühesten Analysen von Mondgestein ergaben, daß Mond und Erde wegen des signifikanten Unterschieds der Beschaffenheit eine andere Entstehungsgeschichte haben müssen.

In allen Mythen, Geschichten und Erzählungen über den Mond wird er als weiblich, die Sonne hingegen als männlich gesehen. In den romanischen Sprachen setzt sich diese Tradition im grammatischen Geschlecht fort: So heißen Mond und Sonne beispielsweise im Italienischen *la luna* und *il sole* und im Französischen *la lune* und *le soleil*.

Von einem Vollmond bis zum nächsten verstreichen 28 Tage. Genauso lange dauert der Zyklus einer Frau. Schon dadurch ist die Beziehung zwischen Weiblichkeit und Mond überdeutlich: Die Sonne wird mit dem Männlichen assoziiert, der Mond mit dem Weiblichen.

Sonne	Mond
männlich	weiblich
Vater	Mutter
direkt	indirekt
ausstrahlend	empfangend
Verstand	Gefühl
aktiv	passiv
bestimmend	sorgend
logisch	intuitiv

Auch in der Astrologie verkörpert die Sonne zunächst einmal den Mann und der Mond die Frau. Die Frau ist ihrem Mond näher als ihrer Sonne.

Nehmen wir als Beispiel eine Dame mit der Sonne im Widder (also dem Tierkreiszeichen Widder) und dem Mond im Krebs. Sie wird sich nicht richtig verstanden fühlen, wenn sie in einem Astrologiebuch über ihr Tierkreiszeichen Widder liest, sie sei dynamisch, rücksichtslos, spontan, selbstsicher. Erfährt sie jedoch dann, was über den Mond im Krebs geschrieben steht – gefühlvoll, häuslich, anhänglich, fürsorglich –, wird sie sich sofort wiedererkennen. Mit anderen Worten: Eine Frau müßte eigentlich bei ihrem Mondzeichen nachlesen und nicht bei ihrem Sonnen- bzw. Tierkreiszeichen. Die gängige Astrologie ist offenbar stark am Mann orientiert: Ein Sonnen- oder Tierkreiszeichen-Horoskop findet man beinahe in jeder Zeitung, das Mondzeichen-Horoskop hingegen in kaum einer einzigen – was aber natürlich auch daran liegen dürfte, daß das Mondzeichen für den Leser schwieriger als das Sonnenzeichen zu ermitteln ist.

Je eher eine Frau jedoch ihre traditionelle Rolle verändert, nicht mehr nur Mutter und Hausfrau ist, sondern »ihren Mann steht«, um so mehr wird sie auch ihre Sonne leben. Allerdings wäre es jetzt wiederum völlig falsch, ihren Mond unberücksichtigt zu lassen.

Eine bewußte und emanzipierte Frau schöpft idealerweise aus Sonne und Mond: Führungsaufgaben, die von Männern in der Regel hierarchisch-gebieterisch gelöst werden, gehen Frauen meist anders an – sie lassen mehr Nähe (Mond) zu und können ihre Mitarbeiter dadurch viel besser motivieren. Auch bei Entscheidungen sind Frauen, die sowohl Logik (Sonne) als auch Intuition (Mond) zulassen können, Männern – wenn letztere sich denn nur »nach der Sonne richten« – um ein beträchtliches überlegen.

Sind bei einer Tätigkeit die dem Mond zugeschriebenen Eigenschaften beteiligt, fühlt man sich wohl, zu Hause, geborgen, mit sich stimmig. Darüber hinaus gibt es viele Bereiche, in denen mit Gefühl, Intuition, Geschmack, Ahnung, Atmosphäre und Stimmigkeit besser und erfolgreicher gearbeitet werden kann. Man denke nur an Kunst, Politik und das Heilen. Aber auch in der Wirtschaft müssen immer wieder Entscheidungen getroffen werden, bei denen man nichts in der Hand hat als eben ein gutes bzw. ein schlechtes Gefühl.

DIE ERMITTLUNG DES MONDZEICHENS

Um »Ihren persönlichen Mond« zu finden, gehen Sie nach der folgenden Beschreibung vor:

A Entnehmen Sie Ihre Jahres-Monatszahl der *Tabelle 1*:

Jahr*	Juni	Juli	Jahr	Juni	Juli	Jahr	Juni	Juli
1920	248	281	1948	358	30	1976	110	147
1921	10	44	1949	126	164	1977	245	283
1922	153	182	1950	263	300	1978	22	56
1923	280	316	1951	35	68	1979	145	176
1924	59	91	1952	167	200	1980	282	319
1925	179	214	1953	297	336	1981	55	94
1926	315	354	1954	73	111	1982	192	226
1927	90	126	1955	205	238	1983	314	346
1928	229	261	1956	337	11	1984	93	130
1929	350	25	1957	109	148	1985	226	266
1930	127	166	1958	244	281	1986	4	37
1931	261	295	1959	16	48	1987	124	156
1932	38	71	1960	147	181	1988	264	301
1933	160	196	1961	280	319	1989	38	77
1934	299	337	1962	55	92	1990	174	206
1935	72	106	1963	186	218	1991	294	327
1936	209	241	1964	317	353	1992	75	112
1937	331	8	1965	92	130	1993	210	248
1938	110	148	1966	227	263	1994	344	17
1939	242	276	1967	356	28	1995	104	138
1940	19	51	1968	129	164	1996	245	283
1941	142	180	1969	263	302	1997	22	60
1942	281	319	1970	38	74	1998	154	186
1943	53	87	1971	156	197	1999	275	308
1944	188	221	1972	300	335	2000	55	94
1945	314	352	1973	74	114	2001	195	232
1946	91	130	1974	210	245	2002	324	356
1947	224	258	1975	335	7	2003	85	119

B Entnehmen Sie Ihre Tageszahl aus *Tabelle 2*:

Tag	Zahl	Tag	Zahl	Tag	Zahl
1.	0	11.	132	21.	265
2.	13	12.	145	22.	278
3.	26	13.	159	23.	291
4.	40	14.	172	24.	304
5.	53	15.	185	25.	317
6.	66	16.	199	26.	331
7.	79	17.	212	27.	344
8.	92	18.	225	28.	357
9.	105	19.	238	29.	11
10.	119	20.	252	30.	24
				31.	37

C Entnehmen Sie die Stundenzahl aus *Tabelle 3*:

Geboren um	Punkte	Geboren um	Punkte
0–2 Uhr	–6	12–14 Uhr	+1
2–4 Uhr	–5	14–16 Uhr	+2
4–6 Uhr	–4	16–18 Uhr	+3
6–8 Uhr	–3	18–20 Uhr	+4
8–10 Uhr	–2	20–22 Uhr	+5
10–12 Uhr	–1	22–24 Uhr	+6

Ohne Geburtszeit beträgt die Stundenzahl 0.

---

* Sämtliche Planetentabellen beginnen mit dem Jahr 1920. Das bedeutet jedoch in gar keiner Weise, daß ältere Leser nicht angesprochen werden sollten. Aber irgendwo muß einfach ein Schnitt gezogen werden. Älteren Lesern wird empfohlen, sich ihre Planetenpositionen anhand eines Geburtshoroskops berechnen zu lassen (siehe Info am Ende dieses Buches).

Beispiel: Geburtstag am 1. Juli 1961, -zeit 18.45 Uhr:

A	Jahres-Monatszahl	319
B	Tageszahl	0
C	Stundenzahl	4
	Summe	323
	wenn über 360 (–360)	–
	Summe total	**323**

Das Mondzeichen lautet Wassermann/Fische. Für dieses Beispiel kommen also die Texte »Mond im Wassermann« und »Mond in den Fischen« in Frage. Ergibt sich wie hier ein doppeltes Mondzeichen, können beide Textabschnitte richtig sein.

Hier können Sie Ihren persönlichen Mond bestimmen:

A	Jahres-Monatszahl	74
B	Tageszahl	132
C	Stundenzahl	+2
	Summe	208
	wenn über 360 (–360)	
	Summe total	**208**

Die Auswertung:

Total	Mond im Zeichen
9–20	Widder
21–38	Widder/Stier
39–50	Stier
51–68	Stier/Zwillinge
69–80	Zwillinge
81–98	Zwillinge/Krebs
99–110	Krebs
111–128	Krebs/Löwe
129–140	Löwe
141–158	Löwe/Jungfrau
159–170	Jungfrau
171–188	Jungfrau/Waage
189–200	Waage
201–218	Waage/Skorpion
219–230	Skorpion
234–248	Skorpion/Schütze
249–260	Schütze
261–278	Schütze/Steinbock
279–290	Steinbock
291–308	Steinbock/Wasserm.
309–320	Wassermann
321–338	Wassermann/Fische
339–350	Fische
351–8	Fische/Widder

Ihr persönliches Mondzeichen lautet _Waage-Skorpion_

DIE MONDZEICHEN DER KREBSE

Wenn Sie Ihr Mondzeichen herausgefunden haben, können Sie nun ähnlich wie beim Aszendenten im folgenden etwas darüber erfahren, was es über Ihre Persönlichkeit aussagt (siehe auch die Vorbemerkung am Beginn von Teil II dieses Buches). Haben Sie ein doppeltes Zeichen ermittelt, lesen Sie wieder am besten nach, was über beide Zeichen geschrieben steht – Sie erkennen dann wie gesagt sicher schon, welches das zutreffendere ist. Im Zweifelsfall können Sie sich aber auch ein genaues Horoskop errechnen lassen (siehe Info am Ende des Buches).

Mond im Widder – FEURIG

> **Mondstärken** Gern etwas unternehmen. Direktheit, Selbständigkeit, Ichhaftigkeit. Suche nach eigenständiger Wirksphäre. Intensives Phantasieleben. Musikalische oder bildnerische Begabung. Unkonventionelle berufliche Wege einschlagen. Ideenträger sein. Erspüren von Macht
> **Mondschwächen** Aggressivität. Spannung

Sie sind ein außergewöhnlich reizender Mensch, wirken jung, unschuldig, unkompliziert, und ein entwaffnender Charme nimmt Ihrem Angriff jeden Stachel. Sie äußern sich sofort, wenn Ihnen etwas nicht paßt. Diplomatie zählt nicht zu Ihren Stärken. Sie geben sich unverstellt und haben Ihr Herz am rechten Fleck. Sie können aber auch, und das erstaunt bei Ihnen, sehr empfindlich sein. Versucht man, Ihre Angriffe zu parieren, reagieren Sie mit so großer Betroffenheit, daß man seine eigene Rage schnell wieder vergißt. Am schlechtesten ertragen Sie, wenn Sie übersehen werden: Ohne Erfolgserlebnisse wandeln Sie sich trotz Ihres feurigen Widdermonds in ein Lamm, das resigniert auf bessere Zeiten wartet.

Ihre Liebesfähigkeit: Wer Sie liebt, lebt im siebten Himmel oder in der zehnten Hölle. Andere Varianten des Daseins gibt es für Sie kaum. Mit Ihnen kann man reisen, jeden Sport treiben und jederzeit ein gemeinsames Geschäft eröffnen. Eine Person, die zu Hause geduldig auf ihren Allerliebsten wartet, sind Sie aber gewiß nicht.

Mond-Check
Wie weiblich macht mich mein Mond? Nicht besonders stark. Widder ist ein sehr männliches Zeichen.
Wie mütterlich macht mich mein Mond? Sie sind der Typ »Kumpel zum Pferdestehlen«, aber kein ausgeprägter Muttertyp.
Wie gefühlvoll macht mich mein Mond? Sie sind sehr feurig. Aber das bedeutet nicht, daß Sie besonders gefühlvoll sind.
Wie intuitiv macht mich mein Mond? Sie haben starke Ahnungen und Wahrträume.

Mond im Stier – ERDIG

> **Mondstärken** Gern leben und genießen. Gefestigtes Gefühlsleben. Naturliebe. Musikalität (besonders Gesang). Sammelleidenschaft. Gutmütigkeit. Häuslichkeit. Geschmack. Praktische Begabung. Fühlen, was Sache ist. »Geld riechen«
> **Mondschwächen** Antriebsarmut. Materialismus

Sie stehen mit beiden Füßen fest auf Mutter Erde, aber nur dort, wo etwas gedeiht. Sie handeln und denken praktisch und verlieren nie den finanziellen Aspekt aus den Augen. Über Geldmangel brauchen Sie jedenfalls nicht zu klagen. Denn wer den Mond im Stier hat, den beschenken auch die Sterne. Zudem sind Sie eine äußerst sinnliche Person. Und mit diesem Potential glänzen Sie nicht nur in der Liebe. Sie können beispielsweise phantastisch kochen.

Ihre Liebesfähigkeit: Eine hervorstechende Eigenschaft ist Ihr Mut. Sie folgen einem Partner in die Antarktis oder heiraten einen Zirkusartisten. Ausgefallenes oder Skurriles weckt Ihr Interesse und nicht selten Ihre Leidenschaft. Sie suchen einen richtigen Partner, weil Sie wissen, daß Sie auch allein leben könnten. Im anderen Lager stehen Sie daher hoch im Kurs. Sie beschwören einerseits den Traum von himmlischer Liebe, entsprechen aber gleichzeitig dem Wunsch nach einem sehr bodenständigen, praktischen Partner. Im Umgang mit Ihnen zählt Respekt. Auf Achtlosigkeit reagieren Sie zunächst höflich, dann kalt, und schließlich schwören Sie Rache – und führen sie aus.

Mond-Check
Wie weiblich macht mich mein Mond? Sie sind sehr weiblich; beinahe so etwas wie der Inbegriff von Weiblichkeit (so Sie eine Frau sind).
Wie mütterlich macht mich mein Mond? Sie haben gern Kinder und Familie.
Wie gefühlvoll macht mich mein Mond? Sie besitzen ein sehr natürliches und selbstverständliches Gefühlsleben.
Wie intuitiv macht mich mein Mond? Sie sind allen Geschöpfen der Natur sehr nah und beziehen aus der Natur Kraft und Intuition.

Mond in den Zwillingen – HEITER

> **Mondstärken** Gern reden und kontaktieren. Vielseitigkeit, Ausdrucksfähigkeit, Kontakt- und Kommunikationsfreude. Schriftstellerische Begabung. Leichten Zugang zum Seelischen. Andere Menschen intuitiv erfassen. Sich gut darstellen können. Andere überzeugen können
> **Mondschwächen** Oberflächlichkeit. Manipulation. Enttäuschungen

Mit Ihrem Zwillingemond sind Sie ein heiterer, fröhlicher Mensch, der sein Gefühlsleben prima im Griff hat. Besondere Talente besitzen Sie darin, andere zu unterhalten und zwischen Menschen zu vermitteln. Sie werden daher gern von solchen aufgesucht, die allein sind. Über Ihre Gefühle zu reden macht Ihnen keinerlei Probleme. Mit Unausgesprochenem, Erfühltem und Erahntem können Sie wenig anfangen. Das hilft Ihnen zwar, einen klaren Kopf zu bewahren. Aber es entgeht Ihnen auch etwas, nämlich die schöne Erfahrung, sich in Zusammenhänge eingebunden zu erleben, die den eigenen Verstand übersteigen. Sich einfach einmal von den Wogen der Gefühle mitreißen zu lassen und sich ihnen hinzugeben, das sollten Sie ausprobieren.

Ihre Liebesfähigkeit: Auch die Liebe nehmen Sie wie Ihr Leben: leicht und bunt und bar aller Ernsthaftigkeit. Einem Schmetterling gleich flattern Sie von einem Höhepunkt zum nächsten und, wenn sich die Gelegenheit ergibt, auch mal von einem Partner zum anderen. Ihre Unabhängigkeit ist Ihnen so wichtig, daß Sie lieber allein leben, als in einer engen Zweierbeziehung zu ertrinken (wie Sie es nennen). Sie brauchen Ihre Freiheit.

Mond-Check
Wie weiblich macht mich mein Mond? Das Zeichen Zwillinge ist ein männliches; entsprechend männlich sind auch Sie.
Wie mütterlich macht mich mein Mond? Sie sind absolut kein »Muttertyp«.
Wie gefühlvoll macht mich mein Mond? Sie haben schwer Zugang zu tiefen Gefühlen.
Wie intuitiv macht mich mein Mond? Sie sind sehr intuitiv und berühren leicht Seelisches.

Mond im Krebs – GEFÜHLVOLL

Mondstärken Gern für andere dasein. Die Umwelt atmosphärisch erfassen. Erlebnistiefe. Seelische Beeindruckbarkeit. Naturverbundenheit. Starke unbewußte Kräfte. Mütterlichkeit. Häuslichkeit. Starkes Innenleben. Einfühlungsgabe. Weibliche Logik. Telepathische Fähigkeiten
Mondschwächen Täuschungen. Sich im Unbegriffenen verstricken. Probleme durch gespannte Mutterbeziehung

Sie können scherzen wie ein übermütiges Kind und die Welt mit glänzenden Augen betrachten. Sie können aber auch stumm, scheu, in sich gekehrt, abwesend und wie von einem unsichtbaren Panzer umgeben erscheinen. Wer den Mond im Krebs hat, verändert sich mit dem Wandel dieses Trabanten. Wird seine Sichel schmäler, ziehen Sie sich zurück. Nähert er sich jedoch seiner vollen, strahlenden Gestalt, wächst auch Ihr Mut. Streß und Druck versetzen Sie in Panik. Sie erledigen dann zwar Ihre Arbeit, aber von Ihrer Genialität bleibt wenig übrig.

Ihre Liebesfähigkeit: Die Liebe beherrschen Sie am vollkommensten. Sie sind anschmiegsam und lieben das Behagliche und auch Beharrliche. Um der Liebe willen würden Sie selbst am Nordpol leben; und auch dort wird es dann fein und kuschelig. Natürlich hat soviel Hingabe ihren Preis: Menschen mit dem Mond im Krebs wollen ihren Partner ganz und immer. Kompromisse gibt es nicht.

Mond-Check
Wie weiblich macht mich mein Mond? Der Krebsmond macht Sie extrem weiblich.
Wie mütterlich macht mich mein Mond? Eigene Kinder und eine Familie, für die Sie sorgen können, gehören zum Wichtigsten in Ihrem Leben.
Wie gefühlvoll macht mich mein Mond? Sie haben ein sehr starkes Gefühlsleben.
Wie intuitiv macht mich mein Mond? Ihre Träume und Ihre Intuition haben große Tiefe. Sie verfügen außerdem über große heilerische Fähigkeiten.

Eine besondere Mondphase beim Mond im Krebs: Neumond
Sie sind in der Neumondphase (zwei Tage vor bis zwei Tage nach Neumond) geboren. Sie sind damit ein besonderer Mensch. Denn in Ihnen ist eine große Sehnsucht nach inniger Nähe zu geliebten Menschen, die Sie in einer erfüllten Partnerschaft zu verwirklichen versuchen.

Füllest wieder Busch und Tal
   Still mit Nebelglanz,
      Lösest endlich auch einmal
  Meine Seele ganz.

Johann Wolfgang von Goethe

Mond im Löwen – STOLZ

> **Mondstärken** Sich gern darstellen. Selbstvertrauen haben. Verantwortung übernehmen können. Künstlerische Kreativität. Ausdruckskraft. Sich für Schwächere einsetzen. Gerechtigkeitsempfinden. Unternehmungsgeist und Risikofreude. Schauspielerische Talente. Andere positiv motivieren können. Repräsentieren können
> **Mondschwächen** Autoritätsprobleme mit weiblichen Vorgesetzten. Anlage zu Theatralik und Cholerik

Sie zeichnen sich durch einen superben Geschmack und eine untrügliche Nase für das Echte aus, sind vital, schöpferisch, originell, und Sie besitzen ein Herz aus purem Gold. In gewisser Weise ähneln Sie ganz dem Löwen, dem König unter den Tieren; auch in Ihren Adern fließt freies, ja königliches Blut. Die Beziehung zum Feuerelement ist ausgesprochen stark. Feuer, Wärme, Sonne sind Ihr Lebenselixier. Sie müssen daher immer wieder in den Süden, um Hitze aufzutanken.

Ihre Liebesfähigkeit: Wer mit Ihnen lebt, muß über ein Thema erhaben sein: Gleichberechtigung. Eine Frau oder ein Mann mit dem Mond im Löwen führen an und bestimmen den Ton. Dafür besitzt man in Ihnen einen Schatz, eine lächelnde Sonne, einen Menschen, der auf der angenehmen und erfolgreichen Seite des Lebens geht. Da muß Ihr Partner schon diesen Einsatz bringen ...

Mond-Check
Wie weiblich macht mich mein Mond? Löwemond-Menschen sind feurig und stark.
Wie mütterlich macht mich mein Mond? Sie spielen gern Mutter und verwöhnen andere.
Wie gefühlvoll macht mich mein Mond? Sie haben spontane, feurige Gefühle, verlieren sie aber auch schnell wieder.
Wie intuitiv macht mich mein Mond? Licht und Wärme nährt Ihre Intuition und führt zu großer Kreativität und Schöpferkraft.

Mond in der Jungfrau – FRÖHLICH

> **Mondstärken** Gern organisieren, ordnen, ausführen.
> Fähigkeit zu gewissenhafter Prüfung. Hochentwickelter
> Sozialgedanke. Gespür für alle Bereiche, die mit Gesundheit zu tun haben. Zugang zu geheimem Wissen.
> Feines Gespür. Pflichtgefühl. Konzentrationsfähigkeit.
> Bewußtsein für Ernährung
> **Mondschwächen** Ungelebte Emotionen manifestieren sich als psychosomatische Störungen

Sie sind äußerst anpassungsfähig. Sie stellen sich nur ungern gegen den Wind, »floaten« lieber und richten sich wie ein leichter Segler nach sanften Brisen. Sie drängeln auch nicht nach vorn. Bescheidenheit gehört zu Ihrem Naturell, und gegen jede Art von Hochstapelei sind Sie richtiggehend allergisch.

Ihre Liebesfähigkeit: Sie haben ein ausgesprochen fröhliches Naturell und trachten danach, Ihr eigenes Leben und das Ihres Partners so angenehm wie möglich zu gestalten. Aus allem das Beste zu machen, darin sind Sie sogar ein unübertroffener Meister. Ihre eigene Stimmung ist oft abhängig von der Ihres Partners. Fühlt er sich glücklich, sind Sie es auch. Was Ihre Treue anbelangt, sind Sie das Spiegelbild Ihres Partners: Was er sich leistet, leisten Sie sich auch. Selten brechen Sie als erste(r) aus. Geschieht es dennoch, ist das garantiert ein Zeichen dafür, daß der Energiefluß zwischen Ihnen und Ihrem Partner nicht mehr stimmt.

Mond-Check
Wie weiblich macht mich mein Mond? Eher mädchenhaft als weiblich (und burschikos beim Mann). Jungfrau ist ein weibliches Zeichen, und entsprechend weiblich sind Sie auch selbst.
Wie mütterlich macht mich mein Mond? Sie können die Aufgaben einer Mutter erfüllen, fühlen sich aber eher zu etwas anderem berufen.
Wie gefühlvoll macht mich mein Mond? Gefühlen gegenüber sind Sie eher mißtrauisch.
Wie intuitiv macht mich mein Mond? Die Natur ist Ihre große Lehrmeisterin. Sie können durch Wissen und Ihre heilenden Gaben ein Segen für andere Menschen werden.

*Frau Mond ist die Herrscherin aller Krebsgeborenen.
Sie schenkt ihnen Geborgenheit, Fruchtbarkeit und Intuition*

Mond in der Waage – VERLIEBT

Mondstärken Andere spüren können. Gern unter Leuten sein. Kontaktfreude. Sinn für Ästhetik, Kunst, Schönheit. Verbindend und ausgleichend sein. Gerechtigkeitsliebe
Mondschwächen Sich schlecht entscheiden können. Allein unsicher sein. Antriebsarmut. Überempfindlichkeit

In Ihrer gefühlsmäßigen Stimmung richten Sie sich stark nach der Zuneigung und Sympathie Ihrer Mitmenschen. Ihr großes Bedürfnis nach Harmonie und Ihr Widerwille gegen Streit und Konfrontation kann Sie allerdings dazu verleiten, bestehende Differenzen der äußeren Form zuliebe nicht wahrhaben zu wollen. Das Aushalten und Akzeptieren von derartigen Ecken und Kanten im Leben bringt Sie einer ganzheitlichen Lebenserfahrung näher. Menschen, die selber nicht so ausgeprägt beziehungsorientiert sind, fühlen sich von Ihnen oft angezogen. Nach außen hin wirken Sie stark. Kennt man Sie aber näher, entdeckt man eine sensible Seele, Kinderträume und eine starke Suche nach Harmonie. Sie sind für die hübsche Seite des Lebens geboren. Mit der täglichen Routine hingegen haben Sie Ihre liebe Not.

Ihre Liebesfähigkeit: Sie sind der hingebungsvollste, einfühlsamste, zarteste, bezauberndste Mensch. Trotzdem zweifeln Sie immer zuerst an sich selbst, wenn Disharmonie aufkommt, und geben sich die Schuld an einer gescheiterten Beziehung. Hier sollten Sie lernen, sich stärker abzugrenzen und ruhig etwas egoistischer zu denken.

Mond-Check
Wie weiblich macht mich mein Mond? Er macht Sie zärtlich, einfühlsam und weiblich, jedoch nicht zu weiblich.
Wie mütterlich macht mich mein Mond? Sie können sich Kindern gegenüber schlecht durchsetzen.
Wie gefühlvoll macht mich mein Mond? Sie mögen Stimmungen, haben aber Probleme mit starken Emotionen.
Wie intuitiv macht mich mein Mond? Sie sind sehr sensibel und ungeheuer phantasievoll.

Mond im Skorpion – LEIDENSCHAFTLICH

Mondstärken Hinterfragen und aufdecken.
Im Krisenfall stark werden. Verantwortung übernehmen.
Okkulte, hellseherische, magische Fähigkeiten.
Mit suggestiver Ausstrahlung andere beeindrucken
Mondschwächen Ungelöste Familienproblematiken.
Von der Mutter nicht loskommen. Subtile Herrschsucht

Im Umgang mit Ihren Mitmenschen legen Sie oft eine gewisse Heftigkeit und Unberechenbarkeit an den Tag. Es ist daher für viele nicht leicht, die Motive Ihrer Handlungen nachzuvollziehen. So schwanken manche zwischen Bewunderung und Ablehnung. Man spürt, daß man sich auf große Intensität und Gefühlstiefe einläßt, wenn man eine Beziehung mit Ihnen eingeht. So ist Ihr Lebensstil weniger von äußerlicher Bequemlichkeit geprägt als von Entschlossenheit und Konsequenz.

Ihre Liebesfähigkeit: Ihr Seelenleben quillt über an Emotionen. Höchste Ekstase, teuflische Eifersucht, schmachtendes Sehnen, unüberbietbarer Sex, kosmische Vereinigung – es ist nahezu alles dabei. Darüber hinaus reagieren Sie allergisch auf jede Spur von Routine. Ein Leben mit Ihnen bleibt immer aufregend, und zugleich hat man einen Menschen an seiner Seite, der erst in Krisen richtig stark wird. Eines sollten Ihre Weggefährten noch beherzigen: Sie verzeihen alles, aber vergessen nichts. Wer daher grob Absprachen bricht, erhält, was ein Skorpion nur im äußersten Notfall produziert: martialisches Gift.

Mond-Check
Wie weiblich macht mich mein Mond? Sie besitzen große weibliche Kräfte.
Wie mütterlich macht mich mein Mond? Sie sind eine gute Mutter – auch als Mann.
Wie gefühlvoll macht mich mein Mond? Extrem gefühlvoll und leidenschaftlich.
Wie intuitiv macht mich mein Mond? Sie sind offen für magische Schwingungen und haben manchmal Visionen.

Mond im Schützen – UNABHÄNGIG

> **Mondstärken** Optimistisch, motivierend, begeisterungs-
> fähig, vielseitig. Schauspielerische Begabung. Rhythmus-
> und Musikgefühl. Im Ausland leben können. Schriftstelle-
> rische Talente. Sportliche Fähigkeiten und Interessen
> **Mondschwächen** Überzogene Führungsansprüche.
> Blauäugigkeit. Naivität

Aus einer meistens optimistischen und lebensbejahenden Grundstimmung heraus lassen Sie sich leicht begeistern und mitreißen. Sie haben hohe Ansprüche und Ideale an sich selbst, aber auch an diejenigen Menschen, die Sie umgeben. Dabei kann es Ihnen passieren, daß Sie leicht einmal ins Schwärmen kommen, den Kontakt mit der konkreten Wirklichkeit verlieren und in Schwierigkeiten geraten. Ihr grundsätzlicher Optimismus bewahrt Sie aber davor, in Problemen zu versinken. Zwischen Hoffnung und Erfüllung lebend, entwachsen Sie nie ganz dem kindlichen Land Phantasia und suchen in der Welt die Erfüllung Ihrer Träume. Am stärksten werden Sie, wenn es darum geht, andere zu überzeugen und mitzureißen.

Ihre Liebesfähigkeit: Zuallererst brauchen Sie einen Partner, der Ihre Unabhängigkeit bewundert und Sie nicht einengt. Zweitens darf Ihr Partner nicht narzißtisch sein, denn Sie sind schonungslos offen; er muß die Wahrheit schon ertragen können. Drittens braucht Ihr Partner geistige Größe (Sie haben Sie schließlich auch), denn für Sie ist Liebe viel mehr als eine Bettgeschichte, nämlich ein Zusammentreffen von Körper, Geist und Seele.

Mond-Check
Wie weiblich macht mich mein Mond? Auch als Frau stehen Sie leicht Ihren Mann.
Wie mütterlich macht mich mein Mond? Sie haben etwas gegen zuviel Mütterlichkeit.
Wie gefühlvoll macht mich mein Mond? Sie sind feurig, ekstatisch – aber nicht gerade gefühlvoll.
Wie intuitiv macht mich mein Mond? Sie verfügen über eine große Intuition und Seelenstärke.

Mond im Steinbock – SELBSTÄNDIG

> **Mondstärken** Klares Gefühlsleben. Selbstbeherrschung und Pflichtbewußtsein. Streben nach Objektivität und Klarheit. Ernsthaftigkeit. Liebe zu Beruf und Karriere. Suche nach sozialer oder politischer Verantwortung
> **Mondschwächen** Sich selbst zu negativ sehen. Abhängigkeit von beruflichem Erfolg. Gefühlskontrolle

Der erste Eindruck von Ihnen ist oft der eines kühlen Menschen. Aber unter dem Hauch von Frostigkeit wartet ein warmes, anschmiegsames Geschöpf. Ihre weiche Seele zeigen Sie jedoch nur denjenigen, die Ihren hohen Ansprüchen genügen. Ihr Leben nehmen Sie selbst in die Hand. Sie brauchen einen Beruf und keinen Job und sollten daher eine qualifizierte Ausbildung anstreben. Diese wird sich auszahlen, denn mit dem Mond im Steinbock haben Sie die richtigen Voraussetzungen für Erfolg und Karriere.

Ihre Liebesfähigkeit: Die Behauptung, Sie seien abweisend und kalt, stammt garantiert von Personen, die bei Ihnen nicht landen konnten. Sie jedenfalls suchen auch beim Thema Liebe das Besondere, möchten auch hier Gipfel erleben. Aber Sie haben Ihre Gefühle im Griff, stehen über ihnen und mögen es nicht, wenn Menschen sich von den Launen ihrer Gefühle abhängig machen. Große Taten vollbringen Sie selbst, an Ihrem Traumpartner reizt Sie das andere; Sie erwarten Seelentiefe und – ganz im Gegenteil zu sich selbst – ein fast kindliches Gemüt. Auch das Rätselhafte übt einen magnetischen Einfluß auf Sie aus.

Mond-Check
Wie weiblich macht mich mein Mond? Sie sind sehr weiblich, auch ohne es nach außen hin deutlich zu zeigen.
Wie mütterlich macht mich mein Mond? Auch Ihre Mütterlichkeit ist ausgeprägt. Aber Sie wollen ebenso Karriere machen.
Wie gefühlvoll macht mich mein Mond? Sie verdrängen unliebsame Gefühle, was diese nur noch stärker macht.
Wie intuitiv macht mich mein Mond? Sie haben Zugang zu Wahrträumen.

> ***Eine besondere Mondphase beim Mond im Steinbock:***
> ***Vollmond***
> *Sie sind in der Vollmondphase (zwei Tage vor bis zwei Tage nach dem Vollmond) geboren und damit ein besonderer Mensch. Denn Sie tragen in sich die lebendige Spannung zwischen Mann und Frau am deutlichsten. Das führt zu einem reichen und faszinierenden Beziehungsleben. Es kann aber auch große Konflikte für Partnerschaft und Liebe bringen.*

Schau, der goldene Mond dort:
Er ißt Pomeranzen,
      Schalen, die er fortwirft,
auf dem Wasser tanzen.

Spanischer Kinderreim

Mond im Wassermann – FREI

Mondstärken Sozial, human, aufgeschlossen. Ungebunden. Veränderungsliebe. Reisefreude. Erfindungsgabe. Intuitionskraft. Vorurteilslosigkeit. Reformwillen
Mondschwächen Zwanghaft antiautoritäres Denken und Handeln. Verwirrtheit

Wenn Sie wollen, beherrschen Sie die feinsten gesellschaftlichen Umgangsformen, aber Sie können auch gegen jede Regel verstoßen. Jedenfalls sind Sie stets für eine Überraschung gut und lassen sich nicht in Normen pressen. Sie wollen, ja, müssen anders sein als alle anderen. Eine kreative Tätigkeit entspricht Ihrer Veranlagung. Dagegen werden Sie mit dem Frust, den das Leben bringt, schlecht fertig. Allem Neuen gegenüber zeigen Sie sich enthusiastisch. Aber Ihr Interesse erlischt auch schnell wieder. Sie müssen daher lernen, am Ball zu bleiben.

Ihre Liebesfähigkeit: Ihr Liebesleben ist widersprüchlich. Auf der einen Seite spielen Sie mit dem Feuer, haben das Flirten für Ihr Leben gern und sind bereit, sich auch in eine aussichtslose Beziehung einzulassen, wenn diese nur genügend Aufregung verspricht. Auf der anderen Seite können Sie völlig ohne Sexualität auskommen. Das liegt daran, daß Sie mit dem Mond im Wassermann hohe und ausgesprochen idealistische Ansprüche an die Liebe stellen. Tief in Ihrer Seele empfinden Sie sich als Engel und streben nach einer geistigen, beinah überirdischen Liebe, bei der das Körperliche nur noch eine Nebenrolle spielt.

Mond-Check
Wie weiblich macht mich mein Mond? Der Wassermannmond hebt Sie beinahe über die Unterscheidung männlich–weiblich: Beide Seiten sind Ihnen sehr vertraut.
Wie mütterlich macht mich mein Mond? Sie sind der beste Gefährte und Freund aller Kinder, aber absolut kein Muttertyp.
Wie gefühlvoll macht mich mein Mond? Tiefen Gefühlen gegenüber sind Sie mißtrauisch.
Wie intuitiv macht mich mein Mond? Sie haben häufig Offenbarungsträume, in denen Sie Hinweise für Ihren Lebensweg erhalten.

Mond in den Fischen – MYSTERIÖS

Mondstärken Mediale Fähigkeiten. Heilerische Qualitäten. Kraft durch Glauben. Sensibilität beruflich nutzen können (zum Beispiel als Heilpraktiker). Liebe für andere, Liebe zur Schöpfung. Sich auf instinkthaftes Gespür verlassen können
Mondschwächen Wirre Phantasievorstellungen. Unsicherheit. Bindungslosigkeit

Sie sind vielschichtig und widersprüchlich: Sie können in einer Woge des Mitgefühls für die gesamte Schöpfung schwimmen, aber manchmal stehen Sie abgehoben und einsam über dem Rest der Welt. Sie verfügen über feinste Antennen, erahnen sogar die Gedanken anderer, und dann wieder stapfen Sie bereitwillig in jedes nur erdenkliche Fettnäpfchen. Ihre Intuition ist ungeheuer. Manche unter Ihnen ahnen in ihren Träumen zukünftige Ereignisse voraus. Auch als Heiler und Helfer vollbringen Sie beinahe Wunder. Wie mit einem sechsten Sinn behaftet, spüren Sie, was einem anderen fehlt. Sie müssen sich aber auch schützen, denn Sorgen und Probleme springen nur allzu leicht von anderen auf Sie selbst über.

Ihre Liebesfähigkeit: Es ist leicht, sich in Sie zu verlieben, denn Sie locken und verführen mit einem sphinxartig-unergründlichen Wesen. Jeder fühlt sich verstanden und erlöst von seiner Einsamkeit. Die Partnerschaft mit Ihnen ist jedoch eine ganz andere Sache. Wer sie eingeht, beherrscht früher oder später die Quadratur des Kreises. Sie sind nicht nur ein schillerndes und anmutiges, sondern auch ein äußerst widersprüchliches Geschöpf. Hält Ihr Partner dies aus, werden Sie ihm aber viel Glück, Freude und Segen bringen.

Mond-Check
Wie weiblich macht mich mein Mond? Sie sind äußerst weiblich, können diese Seite aber auch vollkommen verstecken und verdrängen.
Wie mütterlich macht mich mein Mond? Sie fühlen sich als Mutter der gesamten Schöpfung.
Wie gefühlvoll macht mich mein Mond? Sie sind ungeheuer gefühlvoll.
Wie intuitiv macht mich mein Mond? Unter allen Mondstellungen sind Sie am intuitivsten.

Das Merkurhoroskop –
SCHLAU, KOMMUNIKATIV UND GÖTTLICH BERATEN SEIN

Der römische Gott Merkur entspricht ganz dem Hermes der griechischen Mythologie. Er war ein äußerst schillernder Gott, ausgestattet mit zahlreichen Eigenschaften und Funktionen. Respekt und Bewunderung erwarb er sich durch Klugheit und Raffinesse. So stahl er – gerade erst als Sohn des Jupiter und der Nymphe Maia geboren – dem Gott Apoll eine Rinderherde. Von diesem zur Rede gestellt, spielte er auf einem mit Fell und Saiten versehenen Schildkrötenpanzer derart gekonnt auf, daß Apolls Zorn verflog und er ihm die Rinder im Tausch gegen das Musikinstrument überließ. »Ganz nebenbei« hatte Merkur auf diese Weise die Lyra »erfunden«, jenes zauberhafte Instrument, mit dem später Orpheus Menschen wie Götter verzauberte.
Gott Merkur war also klug und listig – und genau diese Fähigkeit verleiht er auch uns Menschen. Er macht beredt, erfinderisch und verhilft einem auch mal zu einer guten Ausrede. Seiner listigen Eigenschaften wegen wurde er zum Gott der Kaufleute, Diebe und Bänkelsänger. Seine Fröhlichkeit machte ihn zum Schutzpatron all derjenigen, die auf heiteren Wegen wandeln. Und sein Diebstahl der Kühe ließ ihn selbstredend zum Gedeihen der Viehherden beitragen. Infolge seiner Lust am Reden und seines Talents, sich allemal in ein günstiges Licht zu setzen, wurde er der göttliche Freund all derer, die viel sprechen, schreiben und auf der Bühne stehen: Dichter, Sänger, Schauspieler, Politiker, Talkmaster, Ansager, Komiker, Artisten oder Musiker. Wie wir denken, reden, kommunizieren, uns darstellen und uns verkaufen, das alles verrät die Position Merkurs in unserem Horoskop. Er verkörpert unsere unbeschwerte Seite und den leichtesten Weg, den man gehen kann.
Aber Merkur hat noch mehr auf Lager: Bei den Griechen galt er als Diener Jupiters und als Götterbote, der zwischen dem Olymp, dem Wohnort der Unsterblichen, und den Menschen drunten auf der Erde vermittelte. Und er begleitete auch die Seelen der Verstorbenen in die Unterwelt. Er besaß geflügelte Sandalen und einen geflügelten Hut, damit er rasch hin und her eilen konnte. Ein weiteres Attribut war sein Heroldsstab, der Kerykeion, ein Zauberstab.

Hermes überbrachte also den Willen seines Vaters Zeus. So führte er zum Beispiel in dessen Auftrag Hera, Athene und Aphrodite zum Idagebirge, wo Paris den goldenen Apfel der – seiner Wahl nach – schönsten der Frauen überreichen sollte. Seine Entscheidung für Aphrodite, die ihm dafür Helena versprochen hatte, löste später bekanntlich den Trojanischen Krieg aus.

Tatsächlich fungiert Merkur auch in der Astrologie als eine Art »Empfangs- und Sendestation«. Wo er sich in unserem Horoskop befindet, sind uns die Götter besonders nah und übermitteln uns ihre Botschaften und Nachrichten. Umgekehrt können wir dort die Götter am ehesten erreichen.

Merkur ist der sonnennächste Planet. Er zieht seine Kreise um unser Zentralgestirn so eng, daß er sich nie mehr als ein Zeichen von der Sonne entfernen kann. Das führt auch dazu, daß in vielen Horoskopen Merkur die gleiche Tierkreiszeichenposition einnimmt wie die Sonne.

DIE ERMITTLUNG DES MERKURZEICHENS

Suchen Sie in der folgenden Merkurtabelle Ihren Geburtstag und entnehmen Sie Ihre Merkurposition, die Sie auf den entsprechenden Text im anschließenden Kapitel über Ihr Merkurzeichen verweist. (Siehe auch die Vorbemerkung am Beginn von Teil II dieses Buches.)

Die Merkurtabelle

1920* 21.6.–25.6. Krebs, 26.6.–23.7. Löwe, **1921** Krebs, **1922** 21.6.–13.7. Zwillinge, 14.7.–23.7. Krebs, **1923** 21.6.–7.7. Zwillinge, 8.7.–22.7. Krebs, 23.7. Löwe, **1924** 21.6.–28.6. Zwillinge, 29.6.–12.7. Krebs, 13.7.–23.7. Löwe, **1925** 21.6.–4.7. Krebs, 5.7.–23.7. Löwe, **1926** 21.6.–28.6. Krebs, 29.6.–23.7. Löwe, **1927** 21.6.–28.6. Krebs, 29.6.–14.7. Löwe, 15.7.–23.7. Krebs, **1928** Krebs, **1929** 21.6.–11.7. Zwillinge, 12.7.–23.7. Krebs, **1930** 21.6.–4.7. Zwillinge, 5.7.–18.7. Krebs, 19.7.– 23.7. Löwe,

* Siehe auch die Anmerkung zur Mondtabelle.

1931 21.6.–25.6. Zwillinge, 26.6.–9.7. Krebs, 10.7.–23.7. Löwe, **1932** 21.6.–1.7. Krebs, 2.7.–23.7. Löwe, **1933** 21.6.–25.6. Krebs, 26.6.–23.7. Löwe, **1934** Krebs, **1935** 21.6.–13.7. Zwillinge, 14.7.–23.7. Krebs, **1936** 21.6.–8.7. Zwillinge, 9.7.–22.7. Krebs, 23.7. Löwe, **1937** 21.6.–30.6. Zwillinge, 1.7.–14.7. Krebs, 15.7.–23.7. Löwe, **1938** 21.6. Zwillinge, 22.6.–6.7. Krebs, 7.7.–23.7. Löwe, **1939** 21.6.–29.6. Krebs, 30.6.–23.7. Löwe, **1940** 21.6.–26.6. Krebs, 27.6.–21.7. Löwe, 22.7.–23.7. Krebs, **1941** 21.6.–1.7. Krebs, 2.7.–23.7. Löwe, **1942** 21.6.–12.7. Zwillinge, 13.7.–23.7. Krebs, **1943** 21.6.–5.7. Zwillinge, 6.7.–19.7. Krebs, 20.7.–23.7. Löwe, **1944** 21.6.–26.6. Zwillinge, 27.6.–10.7. Krebs, 11.7.–23.7. Löwe, **1945** 21.6.–3.7. Krebs, 4.7.–23.7. Löwe, **1946** 21.6.–27.6. Krebs, 28.6.–23.7. Löwe, **1947** Krebs, **1948** 21.6.–28.6. Krebs, 29.6.–11.7. Zwillinge, 12.7.–23.7. Krebs, **1949** 21.6.–9.7. Zwillinge, 10.7.–23.7. Krebs, **1950** 21.6.–1.7. Zwillinge, 2.7.–16.7. Krebs, 17.7.–23.7. Löwe, **1951** 21.6.–23.6. Zwillinge, 24.6.–7.7. Krebs, 8.7.–23.7. Löwe, **1952** 21.6.–29.6. Krebs, 30.6.–23.7. Löwe, **1953** 21.6.–25.6. Krebs, 26.6.–23.7. Löwe, **1954** Krebs, **1955** 21.6.–12.7. Zwillinge, 13.7.–23.7. Krebs, **1956** 21.6.–6.7. Zwillinge, 7.7.–20.7. Krebs, 21.7.–23.7. Löwe, **1957** 21.6.–28.6. Zwillinge, 29.6.–12.7. Krebs, 13.7.–23.7. Löwe, **1958** 21.6.–4.7. Krebs, 5.7.–23.7. Löwe, **1959** 21.6.–27.6. Krebs, 28.6.–23.7. Löwe, **1960** 21.6.–29.6. Krebs, 30.6.–6.7. Löwe, 7.7.–23.7. Krebs, **1961** Krebs, **1962** 21.6.–10.7. Zwillinge, 11.7.–23.7. Krebs, **1963** 21.6.–3.7. Zwillinge, 4.7.–17.7. Krebs, 18.7.–23.7. Löwe, **1964** 21.6.–23.6. Zwillinge, 24.6.–8.7. Krebs, 9.7.–23.7. Löwe, **1965** 21.6.–30.6. Krebs, 31.6.–23.7. Löwe, **1966** 21.6.–26.6. Krebs, 27.6.–23.7. Löwe, **1967** Krebs, **1968** 21.6.–12.7. Zwillinge, 13.7.–23.7. Krebs, **1969** 21.6.–7.7. Zwillinge, 8.7.–22.7. Krebs, 23.7. Löwe, **1970** 21.6.–29.6. Zwillinge, 30.6.–13.7. Krebs, 14.7.–23.7. Löwe, **1971** 21.6. Zwillinge, 22.6.–5.7. Krebs, 6.7.–23.7. Löwe, **1972** 21.6.–28.6. Krebs, 29.6.–23.7. Löwe, **1973** 21.6.–26.6. Krebs, 27.6.–16.7. Löwe, 17.7.–23.7. Krebs, **1974** Krebs, **1975** 21.6.–11.7. Zwillinge, 12.7.–23.7. Krebs, **1976** 21.6.–3.7. Zwillinge, 4.7.–18.7. Krebs, 19.7.–23.7. Löwe, **1977** 21.6.–25.6. Zwillinge, 26.6.–9.7. Krebs, 10.7.–23.7. Löwe, **1978** 21.6.–2.7. Krebs, 3.7.–23.7. Löwe, **1979** 21.6.–26.6. Krebs, 27.6.–23.7. Löwe, **1980** Krebs,

1981 21.6.–22.6. Krebs, 23.6.–12.7. Zwillinge, 13.7.–23.7. Krebs, **1982** 21.6.–8.7. Zwillinge, 9.7.–23.7. Krebs, **1983** 21.6.–1.7. Zwillinge, 2.7.–15.7. Krebs, 16.7.–23.7. Löwe, **1984** 21.6. Zwillinge, 22.6.–6.7. Krebs, 7.7.–23.7. Löwe, **1985** 21.6.–29.6. Krebs, 30.6.–23.7. Löwe, **1986** 21.6.–26.6. Krebs, 27.6.–23.7. Löwe, **1987** Krebs, **1988** 21.6.–11.7. Zwillinge, 12.7.–23.7. Krebs, **1989** 21.6.–5.7. Zwillinge, 6.7.–19.7. Krebs, 20.7.–23.7. Löwe, **1990** 21.6.–27.6. Zwillinge, 28.6.–11.7. Krebs, 12.7.–23.7. Löwe, **1991** 21.6.–3.7. Krebs, 4.7.–23.7. Löwe, **1992** 21.6.–26.6. Krebs, 27.6.–23.7. Löwe, **1993** Krebs, **1994** 21.6.–2.7. Krebs, 3.7.–9.7. Zwillinge, 10.7.–23.7. Krebs, **1995** 21.6.–9.7. Zwillinge, 10.7.–23.7. Krebs, **1996** 21.6.–1.7. Zwillinge, 2.7.–15.7. Krebs, 16.7.–23.7. Löwe, **1997** 21.6.–22.6. Zwillinge, 23.6.–7.7. Krebs, 8.7.–23.7. Löwe, **1998** 21.6.–30.6. Krebs, 1.7.–23.7. Löwe, **1999** 21.6.–25.6. Krebs, 26.6.–23.7. Löwe, **2000** Krebs, **2001** 21.6.–11.7. Zwillinge, 12.7.–23.7. Krebs, **2002** 23.6.–6.7. Zwillinge, 7.7.–20.7. Krebs, 21.7.–23.7. Löwe, **2003** 21.6.–28.6. Zwillinge, 29.6.–12.7. Krebs, 13.7.–23.7. Löwe

DIE MERKURZEICHEN DER KREBSE

Merkur in den Zwillingen – VIELSEITIGES DENKEN

Merkurstärken Flinkes, übersichtliches, vielseitiges Denken
Merkurschwächen Flüchtigkeit, unkonzentriert und oberflächlich sein

Ihr Merkur ist besonders »fit«. Das beruht darauf, daß dieser Planet bei Ihnen das Zwillingezeichen regiert, dort also zu Hause ist und sich besonders gut entfalten kann. Die Folge ist ein kolossal vielseitiges und vielschichtiges Denken. Sie sind grundsätzlich allem gegenüber aufgeschlossen und interessiert und lassen sich von guten Argumenten jederzeit überzeugen. Sie denken logisch. Das heißt, daß Sie – vielleicht ohne es überhaupt selbst zu bemerken – ständig abwägen, vergleichen und Schlüsse ziehen. Mitunter geht es daher in Ihrem Kopf zu wie in einem Bienenhaus bzw. an der Börse. Sie brauchen deswegen eine Möglichkeit, um abzuschalten. Das gelingt Ihnen am besten, wenn Sie sich einen unkomplizierten Film anschauen oder in einem Magazin blättern. Allerdings ist dabei Ihr Kopf immer noch aktiv. Sie sollten daher lernen, sich »leer zu machen«, was Ihnen (mit viel Geduld und Zeit) am ehesten mit Hilfe von Meditation oder Yoga gelingt.

Ihre große Stärke ist es, auf andere Menschen zuzugehen und mit ihnen ein Gespräch zu beginnen. Ähnlich einem Entertainer können Sie ganze Partygesellschaften unterhalten. Aber auch im Beruf haben Sie mit Ihrem Merkur ein großes Plus.

Achtgeben müssen Sie, daß Sie andere nicht überfahren, sie mundtot machen. Sie denken und reden so schnell, daß kaum jemand anderes mithalten kann. Werden Sie in sozialen Situationen ruhiger, und hören Sie anderen mehr zu! So vermeiden Sie die Schwächen Ihrer Merkurstellung und stärken die positive Seite.

Merkur-Check
Wie leicht fällt es mir, Kontakt zu schließen? Auf andere Menschen zuzugehen macht mir Spaß und fällt mir leicht.
Was bringt mich »den Göttern« näher? Mich unterhalten, etwas herausfinden, meine Neugierde befriedigen.

Merkur im Krebs – GEFÜHLVOLLES DENKEN

Merkurstärken Gefühlvolles, tiefes, ganzheitliches Denken
Merkurschwächen Subjektiv sein

Sie denken – ähnlich wie der Skorpion – »mit dem Bauch«, Ihre Gefühle mischen sich unter Ihr Denken und färben es subjektiv. Zu welchen Schlüssen Sie kommen und welche Ideen Sie kreieren, hängt davon ab, was Sie gerade erleben, wie Sie sich fühlen. Erwartungsgemäß wecken Sie damit bei anderen Menschen (meistens Männern) Kritik und Ablehnung. Man hält Ihnen vor, nicht geradlinig, logisch, abstrakt oder neutral zu denken. Aber aus einer übergeordneten und ganzheitlichen Sicht ist Ihre Art völlig okay. Eine Welt nur aus logisch oder empirisch denkenden Menschen wäre unsinnig, überaus langweilig und eintönig. Auch die Wissenschaft beschäftigt sich heutzutage mit dem emotionalen Denken und stellt den davon abgeleiteten Fachbegriff »EQ« (emotionaler Quotient) gleichwertig neben den schon viel länger bekannten »IQ« (Intelligenzquotient).
Emotionales Denken ist insofern wichtig, als es mit instinktivem Wissen einhergeht. Sie verfügen über einen Zugang zu Erfahrungen und Erinnerungen, die sich im Lauf der Entwicklung der Menschheit angesammelt haben. Das läßt Sie weise, zuweilen sogar »allwissend« sein. Stehen Sie daher ruhig zu Ihrer Person und Ihrer Art zu denken. Sie ist wichtig und ergänzt sich mit den anderen Denkstrukturen. Dabei sollten Sie allerdings Offenheit zeigen und Ihren Mitmenschen gegenüber nicht auf Ihrem Denkstil als dem einzig wahrhaftigen beharren.
Auch Ihr Sozialverhalten wird stark von Ihren Gefühlen bestimmt. Geht es Ihnen gut, kennen Sie keinerlei Probleme, auf andere zuzugehen. Sind Sie in schlechter Verfassung, wollen Sie niemanden sehen.

Merkur-Check
Wie leicht fällt es mir, Kontakt zu schließen? Menschen gegenüber, die ich nicht gut kenne, bin ich eher zurückhaltend.
Was bringt mich »den Göttern« näher? Bei mir sein, mich ausdrücken können, von anderen verstanden werden.

Merkur im Löwen – KREATIVES DENKEN

> **Merkurstärken** Inspirationen, Ideen und kreative Einfälle haben
> **Merkurschwächen** Unsensibel und überheblich sein

Ihr Denken ist nicht logisch und auch nicht unbedingt von Erfahrungen getragen. Merkur im Löwen verhilft Ihnen zu Ideen und Inspirationen, die Ihnen aus der Luft, dem Nichts zuzufallen scheinen. Wenn Sie beginnen, Ihre Argumente zu begründen, geraten Sie in Schwierigkeiten. Und eigentlich gibt es bei Eingebungen auch nichts zu begründen. Es ist eine eigene, in sich stimmige Art, die Welt zu erfahren und zu verarbeiten. Aber es ist nicht die einzige: Andere Merkurpositionen bewirken eine andere Art zu denken. Erst die verschiedenen Möglichkeiten zusammengenommen sind wahrhaftig oder universell, jede für sich aber spiegelt immer nur einen Teilaspekt wider.

Merkur im Löwen verhilft Ihnen auch zu einem selbstbewußten Auftreten. Sie sind dermaßen von sich überzeugt, daß es Ihnen gar nicht in den Sinn kommt, anderen eine gleichwertige Position einzuräumen. Wenn es darum geht, sich durchzusetzen, einen guten Eindruck zu hinterlassen, anderen voraus und überlegen zu sein, ist Ihre Art goldrichtig. Aber wenn man zusammenkommt und sich unterhalten möchte, sind Sie (gewohnheitsmäßig) ebenso forsch. Das führt häufig dazu, daß sich andere schnell »überfahren« fühlen, still werden, sich zurückziehen oder mit Ihnen einen Streit beginnen. In dieser Beziehung müssen Sie noch dazulernen, sich um mehr Toleranz und weniger Ichbezogenheit bemühen.

Merkur-Check
Wie leicht fällt es mir, Kontakt zu schließen? Ich wirke selbstsicher und komme gut bei anderen an.
Was bringt mich »den Göttern« näher? Keine Verpflichtung haben, tun und lassen können, was mir gefällt, lieben und geliebt werden.

Das Venushoroskop –
IHRE LIEBESFÄHIGKEIT

Venuszeichen

Kurz nach Sonnenuntergang – der Westen badet sich noch in goldenem Rot, im Osten kündet ein stahlblauer Himmel die heraufziehende Nacht an – kann man sie sehen, die Venus. Sie ist so hell, daß man sie manchmal mit den Lichtern eines Flugzeugs verwechselt. Und in Gegenden, die nicht künstlich erleuchtet sind, überkommt den Betrachter bei ihrem Anblick fast das Gefühl einer außerirdischen Begegnung. Der Tag geht zur Ruhe, Venus läutet den Feierabend ein, jene Zeit, die weder der Arbeit noch dem Schlaf gehört, vielmehr der Muße – und der Liebe.
Aber Venus verzaubert nicht nur den Abend, sondern auch den Morgen. Denn die Hälfte des Jahres läuft sie, wie wir es von der Erde aus sehen, der Sonne nach, sie steht dann als Venus des Abends nach Son-

nenuntergang noch einige Zeit am Abendhimmel. Die andere Hälfte jedoch läuft sie der Sonne voraus und steigt als Venus des Morgens vor der Sonne über den östlichen Horizont als strahlende Botin des neuen Tages.

Venus oder die griechische Entsprechung Aphrodite trug den Namen »Schaumgeborene«: Dem Mythos nach hat Kronos (Saturnus), der Vater des Zeus, das Zeugungsglied seines Vaters Uranos ins Meer geworfen. Aus dem Schaum, der sich dabei bildete, ist die Göttin der Schönheit entstanden (griechisch *aphrós* = »Schaum«).

Sie galt als die fruchtbare Göttin des blühenden Frühlings und der überströmenden Frühlingslust. Sie war die Beschützerin der Gärten, Blumen und Lusthaine. Ihre Lieblingsgewächse waren Myrten, Rosen und Lilien, ihre Frücht der Apfel, ihre bevorzugten Tiere waren Widder, Böcke, Hasen, Tauben und die bunten Schmetterlinge. Vor allem aber war Venus/Aphrodite eine Frau, deren unvergleichliche Schönheit die Männer betörte. Man fand schier kein Ende, all ihre Reize aufzuzählen: göttlicher Wuchs, strahlende Augen, verlockender Blick, rosenknospiger Mund, zierliche Ohren, reizender Busen und, und, und ...

Im Vergleich dazu sah ihr häßlicher, hinkender Ehemann Hephaistos, der Gott des Erdfeuers und Schutzgott der Schmiedekunst, ziemlich alt aus, wie man heute sagen würde. Sie nutzte denn auch jede Gelegenheit zu einem Seitensprung. Der bekannteste (und folgenreichste) war wohl jener mit Mars, dem Amor, der spitzbübische Junge mit den heimtückischen Liebespfeilen, sein Leben verdankte.

Die schöne Venus bekam ein würdiges Denkmal am Himmel; der hellste Stern wurde nach ihr benannt. Je nach Position kündet er als Abendstern den Feierabend, vor Sonnenaufgang die nahende Morgenröte an.

»Venus« ist in der Symbolsprache ein anderes Wort für »Liebe, Lust, Zärtlichkeit, Leidenschaft, Zweisamkeit, Anziehung, Nähe, Knistern, Flirten, Sehnsucht, Verschmelzung, Sinnlichkeit« und dergleichen mehr. Aber jede Venusposition in den Tierkreiszeichen gibt all diesen Facetten der Liebe eine andere Färbung, ein bestimmtes Gewicht, einen individuellen Glanz. Da müssen Sie Ihre persönliche Venus einfach näher kennenlernen!

DIE ERMITTLUNG DES VENUSZEICHENS

In der Venustabelle finden Sie ganz einfach Ihre Venusposition, indem Sie Ihren Geburtstag suchen. Dahinter ist das Tierkreiszeichen vermerkt, in dem Ihre Venus steht. Dann brauchen Sie nur noch den entsprechenden Abschnitt im anschließenden Text nachzulesen. (Siehe auch die Vorbemerkung am Beginn von Teil II dieses Buches.)

Die Venustabelle

1920* 21.6.–23.6. Zwillinge, 24.6.–18.7. Krebs, 19.7.–23.7. Löwe, **1921** 21.6.–7.7. Stier, 8.7.–23.7. Zwillinge, **1922** 21.6.–14.7. Löwe, 15.7.–23.7. Jungfrau, **1923** 21.6.–9.7. Zwillinge, 10.7.–23.7. Krebs, **1924** Krebs, **1925** 21.6.–3.7. Krebs, 4.7.–23.7. Löwe, **1926** 21.6.–28.6. Stier, 29.6.–23.7. Zwillinge, **1927** 21.6.–7.7. Löwe, 8.7.–23.7. Jungfrau, **1928** 21.6.–23.6. Zwillinge, 24.6.–17.7. Krebs, 18.7.–23.7. Löwe, **1929** 21.6.–7.7. Stier, 8.7.–23.7. Zwillinge, **1930** 21.6.–14.7. Löwe, 15.7.–23.7. Jungfrau, **1931** 21.6.–9.7. Zwillinge, 10.7.–23.7. Krebs, **1932** 21.6.–12.7. Krebs, 13.7.–23.7. Zwillinge, **1933** 21.6.–2.7. Krebs, 3.7.–23.7. Löwe, **1934** 21.6.–27.6. Stier, 28.6.–23.7. Zwillinge, **1935** 21.6.–7.7. Löwe, 8.7.–23.7. Jungfrau, **1936** 21.6.–22.6. Zwillinge, 23.6.–17.7. Krebs, 18.7.–23.7. Löwe, **1937** 21.6.–7.7. Stier, 8.7.–23.7. Zwillinge, **1938** 21.6.–13.7. Löwe, 14.7.–23.7. Jungfrau, **1939** 21.6.–8.7. Zwillinge, 9.7.–23.7. Krebs, **1940** 21.6.–5.7. Krebs, 6.7.–23.7. Zwillinge, **1941** 21.6.–2.7. Krebs, 3.7.–23.7. Löwe, **1942** 21.6.–27.6. Stier, 28.6.–22.7. Zwillinge, 23.7. Krebs, **1943** 21.6.–7.7. Löwe, 8.7.–23.7. Jungfrau, **1944** 21.6.–22.6. Zwillinge, 23.6.–16.7. Krebs, 17.7.–23.7. Löwe, **1945** 21.6.–7.7. Stier, 8.7.–23.7. Zwillinge, **1946** 21.6.–13.7. Löwe, 14.7.–23.7. Jungfrau, **1947** 21.6.–8.7. Zwillinge, 9.7.–23.7. Krebs, **1948** 21.6.–28.6. Krebs, 29.6.–23.7. Zwillinge, **1949** 21.6.–1.7. Krebs, 2.7.–23.7. Löwe, **1950** 21.6.–26.6. Stier, 27.6.–22.7. Zwillinge, 23.7. Krebs, **1951** 21.6.–7.7. Löwe, 8.7.–23.7. Jungfrau, **1952** 21.6. Zwillinge, 22.6.–16.7. Krebs, 17.7.–23.7. Löwe, **1953** 21.6.–6.7. Stier, 7.7.–23.7. Zwillinge,

* Siehe auch die Anmerkung zur Mondtabelle.

1954 21.6.–12.7. Löwe, 13.7.–23.7. Jungfrau, **1955** 21.6.–7.7. Zwillinge, 8.7.–23.7. Krebs, **1956** 21.6.–23.6. Krebs, 24.6.–23.7. Zwillinge, **1957** 21.6.–30.6. Krebs, 1.7.–23.7. Löwe, **1958** 21.6.–26.6. Stier, 27.6.–21.7. Zwillinge, 22.7.–23.7. Krebs, **1959** 21.6.–8.7. Löwe, 9.7.–23.7. Jungfrau, **1960** 21.6. Zwillinge, 22.6.–15.7. Krebs, 16.7.–23.7. Löwe, **1961** 21.6.–6.7. Stier, 7.7.–23.7. Zwillinge, **1962** 21.6.–12.7. Löwe, 13.7.–23.7. Jungfrau, **1963** 21.6.–6.7. Zwillinge, 7.7.–23.7. Krebs, **1964** Zwillinge, **1965** 21.6.–30.6. Krebs, 1.7.–23.7. Löwe, **1966** 21.6.–25.6. Stier, 26.6.–21.7. Zwillinge, 22.7.–23.7. Krebs, **1967** 21.6.–8.7. Löwe, 9.7.–23.7. Jungfrau, **1968** 21.6.–15.7. Krebs, 16.7.–23.7. Löwe, **1969** 21.6.–6.7. Stier, 7.7.–23.7. Zwillinge, **1970** 21.6.–12.7. Löwe, 13.7.–23.7. Jungfrau, **1971** 21.6.–5.7. Zwillinge, 6.7.–23.7. Krebs, **1972** Zwillinge, **1973** 21.6.–29.6. Krebs, 30.6.–23.7. Löwe, **1974** 21.6.–25.6. Stier, 26.6.–21.7. Zwillinge, 22.7.–23.7. Krebs, **1975** 21.6.–8.7. Löwe, 9.7.–23.7. Jungfrau, **1976** 21.6.–14.7. Krebs, 15.7.–23.7. Löwe, **1977** 21.6.–6.7. Stier, 7.7.–23.7. Zwillinge, **1978** 21.6.–11.7. Löwe, 12.7.–23.7. Jungfrau, **1979** 21.6.–5.7. Zwillinge, 6.7.–23.7. Krebs, **1980** Zwillinge, **1981** 21.6.–29.6. Krebs, 30.6.–23.7. Löwe, **1982** 21.6.–25.6. Stier, 26.6.–20.7. Zwillinge, 21.7.–23.7. Krebs, **1983** 21.6.–9.7. Löwe, 10.7.–23.7. Jungfrau, **1984** 21.6.–14.7. Krebs, 15.7.–23.7. Löwe, **1985** 21.6.–5.7. Stier, 6.7.–23.7. Zwillinge, **1986** 21.6.–11.7. Löwe, 12.7.–23.7. Jungfrau, **1987** 21.6.–5.7. Zwillinge, 6.7.–23.7. Krebs, **1988** Zwillinge, **1989** 21.6.–28.6. Krebs, 29.6.–23.7. Löwe, **1990** 21.6.–24.6. Stier, 25.6.–19.7. Zwillinge, 20.7.–23.7. Krebs, **1991** 21.6.–10.7. Löwe, 11.7.–23.7. Jungfrau, **1992** 21.6.–13.7. Krebs, 14.7.–23.7. Löwe, **1993** 21.6.–5.7. Stier, 6.7.–23.7. Zwillinge, **1994** 21.6.–10.7. Löwe, 11.7.–23.7. Jungfrau, **1995** 21.6.–4.7. Zwillinge, 5.7.–23.7. Krebs, **1996** Zwillinge, **1997** 21.6.–28.6. Krebs, 29.6.–23.7. Löwe, **1998** 21.6.–24.6. Stier, 25.6.–19.7. Zwillinge, 20.7.–23.7. Krebs, **1999** 21.6.–12.7. Löwe, 13.7.–23.7. Jungfrau, **2000** 21.6.–12.7. Krebs, 13.7.–23.7. Löwe, **2001** 21.6.–5.7. Stier, 6.7.–23.7. Zwillinge, **2002** 21.6.–10.7. Löwe, 11.7.–23.7. Jungfrau, **2003** 21.6.–4.7. Zwillinge, 5.7.–23.7. Krebs

DIE VENUSZEICHEN DER KREBSE

Venus im Stier – PRAKTISCHE LIEBE

> **Venusstärken** Erotisch, gemütlich, natürlich
> **Venusschwächen** Stur, bequem

Sie lieben das Leben mit seiner Schönheit und den unendlichen Sinnenfreuden. In Ihren Augen gibt es keine größere Sünde, als diesem Genuß zu entsagen: Hat Gott nicht all dies geschaffen, damit der Mensch es genieße? In der Praxis hat eine derartige Lust leider hinterhältige Folgen: Sie müssen auf Ihre Linie achten, also doch maßhalten und Ihre Wünsche verdrängen. Aber mit regelmäßigen sportlichen Übungen und entsprechender geistiger Haltung bleiben Sie fit und Ihr Körper ein Tempel der Lust und Sinnlichkeit.
Natürlich liebt man solche Personen: Weil Sie praktisch sind und den weitbekannten Spruch, daß Liebe durch den Magen geht, aufs köstlichste unter Beweis stellen. Weil Sie Geschmack besitzen und selbst ein Kellerloch in ein gemütliches Kuschelnest verzaubern. Weil Sie hingabefähig und treu sind und dennoch auf eigenen Beinen stehen. Allerdings braucht Ihre Liebe Zeit. Sie sind kein »Feuer-und-Flamme-Typ«.
Einen Wahnsinns-Sturkopf haben Sie ebenfalls. Was Sie sich einmal in den Kopf gesetzt haben, ziehen Sie auch durch. Und Sie sind schrecklich bequem und reagieren daher viel zu spät, wenn der Partnersegen einmal schief hängt.

Venus-Check
Kann meine Venus gut allein sein? Nein, sie teilt ihre Sinnlichkeit lieber mit jemandem.
Sucht meine Venus Sicherheit? Ja, extrem. Da müssen Sie sogar loslassen lernen.
Besteht meine Venus auf Treue? Keine Frage, sie teilt ihren Partner niemals.
Ist meine Venus eifersüchtig? Ja, und es drohen martialische Eifersuchtsszenen.
Findet meine Venus leicht Partner? Sie ist sehr begehrt und sollte keine Problem haben.

Venus in den Zwillingen – VERSPIELTE LIEBE

Venusstärken Vielseitig, verspielt, sexy
Venusschwächen Unruhig, gespalten

Ihre Venus macht Sie kindlich, verspielt, unschuldig, naiv, göttlich, raffiniert, charmant, unterhaltend – mit anderen Worten: Jeden Moment passiert etwas Neues. Liebe mit Ihnen ist ein Schweben auf Wolke sieben, ein Traum, so schön wie im schönsten Film. Ihre Hände können zaubern, Ihre Stimme ist wie ein warmer, zärtlicher Wind, und Ihre Worte schmeicheln und entführen in die Welt aus Tausendundeiner Nacht.

Die Liebe ist bestimmt der schönste Zeitvertreib, den es gibt. Aber Sie sind nicht abhängig von ihr – und schon gar nicht von einem anderen Menschen. Freiheit und Unabhängigkeit sind Ihnen nämlich beinahe noch wichtiger: Sie haben Ihren Mann (bzw. Ihre Frau) in Ihrem Inneren; Sie müssen daher mit niemandem zusammenwohnen, kochen, leben, alles teilen. Ganz ohne …? Schon möglich! Aber hundertprozentig sicher geht es nicht ohne Menschen. Andere entspannen sich vielleicht in den Bergen, in der Badewanne oder beim Schlafen. Sie brauchen Ihr Social life: Kontakte, Freunde, Begegnungen, Small talks. Was Sie lebendig hält, ist die Hoffnung und die Chance, daß jeden Augenblick etwas Neues, Unvorhergesehenes, Überraschendes passieren kann – vor allem in puncto Liebe.

Ein Problem gibt es auch, nämlich Ihren ewig rotierenden Verstand, der Ihnen zuweilen mitten in der schönsten Liebesgeschichte die Laune verdirbt.

Venus-Check
Kann meine Venus gut allein sein? Sie kann es, aber sie ist es selten.
Sucht meine Venus Sicherheit? Eher nicht. Sie kommt immer irgendwie zurecht.
Besteht meine Venus auf Treue? I wo, das kann sie selbst nicht, und das kann sie auch nicht von anderen verlangen.
Ist meine Venus eifersüchtig? Ja, leider, trotz aller Freiheitssuche.
Findet meine Venus leicht Partner? Ja, tonnenweise, damit hat sie kein Problem.

Venus im Krebs – GEFÜHLVOLLE LIEBE

Venusstärken Zärtlich, hingebungsvoll
Venusschwächen Klammernd

In guten Zeiten sind Sie strahlend schön und unwiderstehlich erotisch. Unbekümmert wie ein Kind und gleichzeitig von ironischer Distanziertheit, können Sie über alles lachen – am meisten jedoch über die Liebe, dieses absurde, herrliche, verrückte, uralte und ewig neue Spiel, in dem die Menschen seit eh und je stets die gleichen Fehler machen ...

Vielleicht zwei Tage später sind Sie wie umgewandelt: stumm, scheu, abwesend, in sich gekehrt und vollkommen verschlossen. Sich den Kopf darüber zu zerbrechen, wie man Sie wieder zum Lachen bringt, ist zwecklos. In diesem Gemütszustand wollen Sie allein sein – und Sie wollen leiden! Sind Sie eine Person mit vielen Gesichtern? Ein Verwandlungskünstler? Einfach nur launisch? Ja, aber vor allem sind Sie zu hundert Prozent gefühlsbestimmt. Und Gefühle folgen keiner Uhr, sondern sind unberechenbar wie Wetter, Wind oder die Wellen des Meeres.

Sich um mehr emotionale Ausgeglichenheit zu bemühen ist daher vergeblich – und wäre auch ein ganz falscher Weg. Stehen Sie zu Ihrer Venus! Sie macht Ihre Liebe aufregend, romantisch und geheimnisvoll. Und Sie macht die Liebe mit Ihnen zum göttlichen Akt. Denn Ihre Liebeskraft ist stärker als alles. Wen Sie lieben, wird wie von magischen Fäden angezogen und kommt irgendwann nicht mehr von Ihnen frei. Ja, Ihre Liebe ist auch klammernd und verschlingend ... Aber für einen Platz neben Ihnen sollte man bereit sein, alles andere aufzugeben.

Venus-Check

Kann meine Venus gut allein sein? Nein, sie ist nicht für das Alleinsein geboren.
Sucht meine Venus Sicherheit? Ja, eher zuviel Sicherheit sogar.
Besteht meine Venus auf Treue? Keine Frage, Sie geben alles, und Sie wollen alles.
Ist meine Venus eifersüchtig? Natürlich, denn Ihr Schatz ist Ihr ein und alles.
Findet meine Venus leicht Partner? Nein, das fällt ihr ziemlich schwer.

Venus ist ein anderes Wort für Liebe, Lust, Sex und Zärtlichkeit

Venus im Löwen – LUSTVOLLE LIEBE

Venusstärken Warmherzig, verspielt, stark
Venusschwächen Stolz

Zurückhaltung? Bescheidenheit? Schamgefühl? Kommt in Ihrem Repertoire nicht vor. Zumindest dann nicht, wenn es um eine Person geht, die Sie »haben« wollen (oder die Ihnen schon »gehört«). Dann nämlich wird Ihre Venus lebendig, die im Löwen steht, dem feurigsten Tierkreiszeichen überhaupt.

Kein Wunder, daß alle den Atem anhalten, wenn Sie erscheinen. In Ihnen steckt ein Lustobjekt, das gesehen, bewundert, betastet und – das besonders – verschönert, verziert, gekrönt werden möchte. Liebe geht bei Ihnen durch das Auge und kann nur mit Gold und Diamanten aufgewogen werden. Das soll nicht heißen, daß Sie jemanden nur des Geldes wegen lieben. Niemals lassen Sie sich kaufen, Sie schauen immer zuerst aufs Herz. Aber irgendein Schutzengel bringt Sie just mit solchen Frauen bzw. Männern zusammen, die – selbst wenn sie wie die Kirchenmaus beginnen – rasch zu Geld gelangen. Sieht alles aus, als wären Sie irre anspruchsvoll. Stimmt! Aber Sie sind auch eine Menge wert.

Wo so viel Licht ist, muß es doch auch Schatten geben: In Ihnen steckt (weiblich) eine Diva bzw. (männlich) ein Pascha. Beide wollen verwöhnt, verhätschelt, umworben, auf Händen getragen werden. Das ist anstrengend und führt zu Abhängigkeit. Kommt es dann aufgrund von Unverträglichkeit zu Trennungen, leiden Sie wie ein Tier. Weil Sie auch schrecklich stolz sind, versuchen Sie Ihre Schmerzen zu verstecken, was dumm und ungesund ist und das Desaster nur noch verschlimmert.

Venus-Check
Kann meine Venus gut allein sein? Wenn es sein muß.
Aber schöner ist es zu zweit.
Sucht meine Venus Sicherheit? Nein, eher Anerkennung.
Besteht meine Venus auf Treue? Natürlich, schließlich sind Sie die/der Größte.
Ist meine Venus eifersüchtig? Ist sie, gibt es aber nicht zu.
Findet meine Venus leicht Partner? Sie wird gefunden, Ihre Venus.

Venus in der Jungfrau – REINE LIEBE

Venusstärken Aufmerksam, unschuldig, rein
Venusschwächen Kühl

Zur Sexualität haben Sie ein recht gespaltenes Verhältnis, keine Frage. Einerseits wollen Sie Sex, sind sogar richtig süchtig danach, träumen womöglich von einem »Erotikclub«, Liebe und einem Orgasmus, der den Himmel erzittern läßt. Andererseits finden Sie Sex aber auch »dumm«, tierisch, primitiv, unter Ihrer Würde, und vor allem hat er rein gar nichts mit vollkommener Liebe zu tun.
Was jetzt? Ein bißchen schizophren? Keineswegs! Sie betrachten Sex lediglich aus sämtlichen Perspektiven. Und irgendwann verstehen Sie, daß er nichts anderes ist als reinste Energie. Dann sind Sie auch bereit, Ihre Sexualität zu sublimieren und in ein kosmisches Erlebnis zu transformieren. Bis Sie selbst ein »Heiliger« bzw. eine »Heilige« sind, müssen Sie's ausprobieren, alles, was es gibt ... Aber nicht vergessen! Sex ist nur eine Vorstufe, ein Übergang; dahinter kommt mehr, eine höhere Bestimmung und Erfüllung. Bleiben Sie auf dem laufenden!

Venus-Check
Kann meine Venus gut allein sein? Es geht, wenn es sein muß. Aber schön ist es nicht.
Sucht meine Venus Sicherheit? O ja, ohne Liebe ist sie ziemlich verloren.
Besteht meine Venus auf Treue? Natürlich, aber sie hält sich nicht daran.
Ist meine Venus eifersüchtig? Ist sie, sie leidet Dramen.
Findet meine Venus leicht Partner? Sie ist schüchtern und hat sich schon oft die Finger verbrannt.

Das Marshoroskop –
POTENT, AKTIV, ERFOLGREICH UND MÄNNLICH SEIN

Rötlich funkelnd wie Feuer oder Blut, so präsentiert sich nur ein Gestirn am nächtlichen Himmel: der Planet Mars. Abhängig von seiner Nähe zur Erde verändert sich obendrein die Intensität. Menschen früherer Zeiten erschauerten daher, wenn sein Rot zunahm. Sie sprachen von einem zornigen Auge am Himmel und betrachteten es als böses Omen.
In klassischer Zeit galt Mars als Kriegsgott und Beschützer im Kampf: »Beschütze uns, Mars, und schlage dafür den Feind mit Feigheit und Schwäche«, soll der römische Kaiser Titus Flavius vor seinen Schlachten gerufen haben.
Hinter Mars stecken allerdings nicht nur bedrohliche Eigenschaften: So schickt er zum Beispiel zündende Ideen, verleiht Startkraft und schenkt Courage. Mars sorgt für den richtigen Biß, um sich behaupten und Rivalen überwinden zu können. Er verleiht die für Konkurrenzgerangel unerläßlichen »spitzen Ellenbogen« und programmiert auf Sieg. Er verkörpert das Urmännliche, den heldenhaften, schönen Jüngling genauso wie einen sexbesessenen Macho. Mars steht auch einfach für Sex, Potenz und Triebkraft. In ganz besonderer Weise verrät die Marsposition die Art und Weise des Eroberungsspieles: Ob man direkt auf jemanden zugeht, abwartet oder gar zum Rückzug bläst – es ist Mars, der die Fäden zieht.
Er ist ein absolut männlicher Planet, vielleicht der männlichste überhaupt. Frauen besitzen zwar genau wie Männer ihren Mars, aber eher als Potential, als Anlagebild, und neigen dazu, ihn nicht selbst auszuleben, sondern ihn zu projizieren. Sie suchen sich Männer, die ihrem Mars entsprechen. Über diesen Umweg hat er dann doch Anteil an ihrem Leben. Frauen, die Berufe ergreifen, welche früher eher als typisch männlich galten – im Management beispielsweise –, leben ihren Mars weitgehend selbst. Mars ist der regierende Planet des Widders und besitzt daher viele Wesenszüge dieses Tierkreiszeichens.

DIE ERMITTLUNG DES MARSZEICHENS

Suchen Sie in der folgenden Marstabelle Ihren Geburtstag und entnehmen Sie Ihre Marsposition, die Sie auf den entsprechenden Text im anschließenden Kapitel über die Marszeichen verweist. (Siehe auch die Vorbemerkung am Beginn von Teil II dieses Buches.)

Die Marstabelle

1920* 21.6.–10.7. Waage, 11.7.–23.7. Skorpion, **1921** Krebs, **1922** Schütze, **1923** 21.6.–15.7. Krebs, 16.7.–23.7. Löwe, **1924** 21.6.–24.6. Wassermann, 25.6.–23.7. Fische, **1925** 21.6.–25.6. Krebs, 26.6.–23.7. Löwe, **1926** Widder, **1927** Löwe, **1928** 21.6.–25.6. Widder, 26.6.–23.7. Stier, **1929** 21.6.–3.7. Löwe, 4.7.–23.7. Jungfrau, **1930** 21.6.–14.7. Stier, 15.7.–23.7. Zwillinge, **1931** Jungfrau, **1932** 21.6. Stier, 22.6.–23.7. Zwillinge, **1933** 21.6.–6.7. Jungfrau, 7.7.–23.7. Waage, **1934** 21.6.–15.7. Zwillinge, 16.7.–23.7. Krebs, **1935** Waage, **1936** 21.6.–25.6. Zwillinge, 26.6.–23.7. Krebs, **1937** Skorpion, **1938** 21.6.–22.7. Krebs, 23.7. Löwe, **1939** 21.6.–20.7. Wassermann, 21.7.–23.7. Steinbock, **1940** 21.6.–2.7. Krebs, 3.7.–23.7. Löwe, **1941** 21.6.–1.7. Fische, 2.7.–23.7. Widder, **1942** Löwe, **1943** 21.6.–7.7. Widder, 8.7.–23.7. Stier, **1944** 21.6.–11.7. Löwe, 12.7.–23.7. Jungfrau, **1945** Stier, **1946** Jungfrau, **1947** 21.6.–30.6. Stier, 1.7.–23.7. Zwillinge, **1948** 21.6.–16.7. Jungfrau, 17.7.–23.7. Waage, **1949** 21.6.–22.7. Zwillinge, 23.7. Krebs, **1950** Waage, **1951** 21.6.–3.7. Zwillinge, 4.7.–23.7. Krebs, **1952** Skorpion, **1953** Krebs, **1954** 21.6.–2.7. Steinbock, 3.7.–23.7. Schütze, **1955** 21.6.–10.7. Krebs, 11.7.–23.7. Löwe, **1956** Fische, **1957** Löwe, **1958** 21.6.–20.7. Widder, 21.7.–23.7. Stier, **1959** 21.6.–19.7. Löwe, 20.7.–23.7. Jungfrau, **1960** Stier, **1961** 21.6.–28.6. Löwe, 29.6.–23.7. Jungfrau, **1962** 21.6.–8.7. Stier, 9.7.–23.7. Zwillinge, **1963** Jungfrau, **1964** Zwillinge, **1965** 21.6.–28.6. Jungfrau, 29.6.–23.7. Waage, **1966** 21.6.–10.7. Zwillinge, 11.7.–23.7. Krebs, **1967** 21.6.–19.7. Waage, 20.7.–23.7. Skorpion, **1968** Krebs, **1969** Schütze, **1970**

* Siehe auch die Anmerkung zur Mondtabelle.

21.6.–17.7. Krebs, 18.7.– 23.7. Löwe, **1971** Wassermann, **1972** 21.6.–28.6. Krebs, 29.6.–23.7. Löwe, **1973** Widder, **1974** Löwe, **1975** 21.6.–30.6. Widder, 1.7.–23.7. Stier, **1976** 21.6.–5.7. Löwe, 6.7.–23.7. Jungfrau, **1977** 21.6.–17.7. Stier, 18.7.–23.7. Zwillinge, **1978** Jungfrau, **1979** 21.6.–25.6. Stier, 26.6.–23.7. Zwillinge, **1980** 21.6–10.7. Jungfrau, 11.7.–23.7. Waage, **1981** 21.6.–18.7. Zwillinge, 19.7.–23.7. Krebs, **1982** Waage, **1983** 21.6.–28.6. Zwillinge, 29.6.–23.7. Krebs, **1984** Skorpion, **1985** Krebs, **1986** Steinbock, **1987** 21.6.–6.7. Krebs, 7.7.–23.7. Löwe, **1988** 21.6.–13.7. Fische, 14.7.–23.7. Widder, **1989** Löwe, **1990** 21.6.–12.7. Widder, 13.7.–23.7. Stier, **1991** 21.6.–15.7. Löwe, 16.7.–23.7. Jungfrau, **1992** Stier, **1993** 21.6.–22.6. Löwe, 23.6.–23.7. Jungfrau, **1994** 21.6.–3.7. Stier, 4.7.–23.7. Zwillinge, **1995** 21.6.–20.7. Jungfrau, 21.7.–23.7. Waage, **1996** Zwillinge, **1997** Waage, **1998** 21.6.–5.7. Zwillinge, 6.7.–23.7. Krebs, **1999** 21.6.–5.7. Waage, 6.7.–23.7. Skorpion, **2000** Krebs, **2001** Schütze, **2002** 21.6.–12.7. Krebs, 13.7.–23.7. Löwe, **2003** Fische

DIE MARSZEICHEN DER KREBSE

Mars im Widder – DIREKTES EROBERUNGSSPIEL

Marsstärken Energisch, kühn, mutig, stolz
Marsschwächen Streitsüchtig, egoistisch

Sie haben einen tollen Mars! Als Herrscher des Widderzeichens, dessen Element zudem das Feuer ist, kann er sich hier so richtig entfalten. Diese Konstellation verleiht Feuer im Doppelpack, macht kämpferisch, mutig und furchtlos. Sie sind ein Draufgänger, ein Held und Abenteurer, jemand, der nicht lange fackelt, sondern nach seiner Fasson lebt und dafür sorgt, daß sein Wille geschehe.
Allerdings kann es sein, daß sich Ihr Mars (noch) »versteckt«, daß Sie sich und andere vor ihm schützen, ihn vielleicht unterdrücken oder verleugnen. Sie halten sich vielmehr für eine friedliche oder gehemmte Person. Das würde dann bedeuten, daß Sie Ihren Mars erst noch entdecken müssen. Vielleicht kennen Sie diese Kraft bisher nur als inneres Rumoren, als gelegentliches Beben, als völlig unerwarteten Wutausbruch. Möglicherweise steigt Ihnen Ihr Mars auch in den Kopf und macht sich dort schmerzhaft bemerkbar. Sie können jedenfalls sicher sein, daß dieser Mars zum Ausbruch drängt wie Feuer in einem Vulkan. Besser, Sie geben ihm rechtzeitig Raum und verschaffen sich so Luft!
Was Ihnen hilft, ist eine Tätigkeit, die Ihnen möglichst viel Freiheit läßt. Erleichterung finden Sie auch über sämtliche aktiven Sportarten. Am wichtigsten aber ist, daß Sie mit der Zeit mehr und mehr zu Ihrem Mars stehen, sich mehr zutrauen, öfters mal über die Stränge schlagen und sich nicht selbst dafür tadeln, wenn Ihr »marsischer« Anteil über Sie kommt.

Mars-Check
Wie gut setze ich mich durch? Ich habe alle Voraussetzungen, um mich gut durchzusetzen.
Wie aggressiv macht mich mein Mars? Ich muß mich ausleben, sonst werde ich sehr aggressiv.
Wieviel Sexpower verleiht mir mein Mars? Wenn ich mich nicht selbst unterdrücke, habe ich jede Menge Sex.

Mars im Stier – GENUSSVOLLES EROBERUNGSSPIEL

> **Marsstärken** Ausdauernd, zäh, sinnlich
> **Marsschwächen** Jähzornig, gierig, stur

Mars im Stier bedeutet eine Verbindung von Feuer (denn Mars ist ein Feuerplanet) und Erde (denn Stier ist vom Element her Erde). Diese Kombination verleiht Ihnen die Stärke eines mittleren Erdbebens. Was Sie anpacken, ziehen Sie auch durch, denn Sie haben nicht nur Kraft, sondern sind auch zäh und ausdauernd. Ihr Feuer brennt nicht lichterloh (um dann rasch in sich zusammenzufallen), es gleicht einer beständigen Glut. Darüber hinaus bringt die Begegnung des »Sexplaneten« Mars mit dem Tierkreiszeichen Stier eine betont sinnliche Komponente in Ihr Dasein. Die dritte Haupteigenschaft dieser Marsposition ist ein enormer Erwerbstrieb: Ihr Lebtag arbeiten Sie für Sicherheit, Geld, ein Haus, Luxus und was auch immer. Sie sind dafür geboren, das Fleckchen Erde, auf dem Sie leben, in ein blühendes Paradies zu verwandeln.

Möglicherweise aber führt Ihr Mars ein Schattendasein, und Sie kennen ihn noch gar nicht richtig. Vielleicht schätzen Sie Ihr Leben überhaupt nicht als übermäßig sinnlich ein oder bezeichnen sich sogar als arm. Aber das heißt nur, daß Sie Ihren Mars noch nicht »gefunden« haben. Dennoch existiert er, seine kolossale Kraft, seine Sinnlichkeit und der Zug zu Reichtum schlummern in Ihnen.

Was Ihnen hilft, Ihren Mars zu »wecken«, ist körperliche Bewegung und Kontakt mit der Natur. Am wichtigsten aber ist, daß Sie an Ihren Mars glauben und in Ihrem Denken und Handeln Raum dafür schaffen.

Mars-Check
Wie gut setze ich mich durch? Wenn ich angegriffen werde, werde ich stark.
Wie aggressiv macht mich mein Mars? Ich kann furchtbar wütend werden, wenn man mich reizt.
Wieviel Sexpower verleiht mir mein Mars? Darüber muß man kein Wort verlieren – oder höchstens eines: viel …!

Mars in den Zwillingen –
VERSPIELTES EROBERUNGSSPIEL

Marsstärken Gewandt, neugierig, vielseitig
Marsschwächen Unkonzentriert, zerstreut

Mars in den Zwillingen hilft Ihnen, ein unternehmerischer, vielseitig interessierter und talentierter Mensch zu sein. Diese Konstellation verleiht Ihnen ein Feuer, das mutig und unerschrocken macht. Mit Mars, dem Feuerplaneten, und Zwillinge, einem Luftzeichen, treffen zwei Elemente aufeinander, die eine sehr günstige Mischung ergeben: Feuer braucht Luft. Im übertragenen Sinne bedeutet Luft Kommunikation. Daraus folgt, daß Sie vitaler, lebendiger und feuriger werden, sobald Sie unter Menschen sind. Hingegen dämpft Alleinsein Ihr Temperament. Oder die Gedanken beginnen zu rotieren, und Sie können Ihren Kopf nicht mehr abschalten.

Ihre durch Mars in den Zwillingen gesteigerte Neugierde, Ihr Interesse an allem, läßt sich jedoch nur im Kontakt mit Ihrer Außenwelt ausreichend befriedigen.

Allerdings kann es auch sein, daß Sie Ihren Mars noch gar nicht richtig entdeckt haben und ihn daher nicht ausleben können. Ihr eigenes Leben kommt Ihnen vielleicht überhaupt nicht übermäßig interessant und abwechslungsreich, sondern eher ziemlich langweilig vor. Das hieße dann aber, daß Sie Ihren Mars schleunigst ans Licht holen sollten. In jedem Fall existiert diese lebendige Kraft in Ihnen. Daran gibt es keinen Zweifel.

Mars-Check
Wie gut setze ich mich durch? Verbal kann ich mich prima durchsetzen.
Wie aggressiv macht mich mein Mars? Ich schimpfe höchstens einmal kräftig.
Wieviel Sexpower verleiht mir mein Mars? Ich bin kein wildes Tier, aber ich habe viel Lust am Sex.

Mars im Krebs – GEFÜHLVOLLES EROBERUNGSSPIEL

Marsstärken Gefühlsstark, strebsam
Marsschwächen Nachlässig, »zickig«

Mars, der Feuerplanet, und Krebs, von seiner Energie her ein Wasserzeichen, treffen aufeinander. Das kann dazu führen, daß das Feuer zunächst einmal im Wasser erlischt. Dann ist man ein Mensch, der Schwierigkeiten hat, seinen Willen durchzusetzen, die Ellenbogen zu benutzen, sich zu behaupten – denn all dies sind Eigenschaften, die der Planet Mars verleiht. Zugleich ist man innerlich gespannt, spürt Wut, Frustration und Ungenügen, kann damit aber nicht richtig herausrücken.

Es gibt jedoch auch die Möglichkeit, den Mars im Krebs zu transformieren. Dabei gilt es zu akzeptieren, daß man zwar nicht so direkt und forsch handeln kann, wie man es bei einem ungebremsten Mars erwarten würde, dafür aber ein tiefes Gefühlsleben besitzt. Mit Mars im Krebs ist man in positivster Weise ein Mensch, der tief in sich hineinschaut und seine Seele (und auch die anderer) kennt. Wenn Sie Ihren Mars so leben und erleben, sind Sie ein rezeptiver, kreativer Mensch, einer, der durch sein Mitschwingen mit anderen und sein psychologisches Gespür am Ende genauso viel erreicht wie Menschen mit anderen Marspositionen.

Allerdings kann es auch sein, daß Ihr Mars noch ein Schattendasein führt. Sie schätzen ihn nicht und versuchen, ihn durch effektiveres Verhalten zu ersetzen. Nur funktioniert das so eben nicht: Am Ende werden Sie noch unsicherer sein.

Stehen Sie zu Ihrem Mars! Leben Sie Ihren Mars mit all seinen Widersprüchen. Betreiben Sie Weiterbildung in Sachen Psychologie. Das hilft Ihnen, sich selbst besser zu verstehen.

Mars-Check
Wie gut setze ich mich durch? Auf direktem Weg fällt es mir schwer, mich durchzusetzen.
Wie aggressiv macht mich mein Mars? Es braucht lange, bis ich wütend werde.
Wieviel Sexpower verleiht mir mein Mars? Wenn ich mich sicher fühle, bin ich sehr erotisch.

Mars im Löwen – IMPOSANTES EROBERUNGSSPIEL

> **Marsstärken** Selbstbewußt, herzlich, stolz
> **Marsschwächen** Selbstsüchtig, eitel

Sie haben einen besonders starken Mars, und das hat seinen guten Grund: Der feurige Planet Mars begegnet dem Löwen, einem dem Element Feuer zugehörenden Zeichen. Feuer trifft also auf Feuer, verdoppelt sich, wird zur lodernden Flamme. Da Feuer ein Symbol gleichermaßen für Tatkraft wie geistige Regsamkeit ist, müssen Sie ein dynamischer, unternehmungsfreudiger Mensch sein, dessen Wirken durchdrungen ist von geistiger Weitsicht und Größe. Ihren hohen Ansprüchen, mit denen Sie um die Durchsetzung Ihrer Ziele kämpfen, steht eine einnehmende Herzlichkeit und eine lockere, beinahe spielerische Haltung gegenüber. Man könnte meinen, Ihre Erfolge fallen Ihnen einfach in den Schoß. Aber Sie bekommen nichts »gratis«. Sie sind dem Leben und anderen Menschen gegenüber immer hilfsbereit und großzügig – und das gibt Ihnen das Leben zurück.

Sollten Sie sich in diesem Bild nicht finden und sich vom Leben eher benachteiligt als beschenkt fühlen, führt Ihr Mars ein Schattendasein. Sie haben ihn noch gar nicht richtig entdeckt und können ihn daher nicht ausleben.

Was Ihnen hilft, Ihren Mars zu »wecken«, ist Bewegung, Tanz, aktiver Sport. Vor allem aber müssen Sie direkter, spontaner und selbstbewußter werden. Sie müssen sich mit dem Mars in Ihrem Inneren verbinden – es ist alles da, was Sie brauchen.

Mars-Check
Wie gut setze ich mich durch? Damit habe ich überhaupt keine Probleme.
Wie aggressiv macht mich mein Mars? Ich bin nicht leicht aus der Ruhe zu bringen. Aber wenn es sein muß, kann ich richtig toben.
Wieviel Sexpower verleiht mir mein Mars? Starken Partnern schenke ich alles – Schwächlinge schläfern mich ein.

Mars in der Jungfrau –
VERSTECKTES EROBERUNGSSPIEL

Marsstärken Geistig fit, vernünftig, aktiv, arbeitsmotiviert, fleißig
Marsschwächen Zwanghaft, überängstlich

Feuer und Erde verbinden sich bei der Konstellation Mars in der Jungfrau, einem Erdzeichen. Feuer und Erde zusammen wecken Aktivität, Arbeitswillen, Genauigkeit und Realitätssinn. Ihr Feuer gleicht einer anhaltenden Glut. Das macht Sie zu einem Menschen, der gern und gut arbeitet, ausdauernd und präzise ist, strategisch vorgeht und sich nicht unüberlegt in seine Arbeit stürzt. Mars in der Jungfrau macht auch vorsichtig. Das kann unter Umständen in Kleinlichkeit und Angst ausarten. Auch eine übertrieben kritische Haltung sich selbst und anderen gegenüber kann die Folge sein. Sie brauchen daher ein Ventil, etwas, das Ihnen erlaubt, Ihren Mars ohne zuviel Kontrolle und Analyse ausleben zu können, wie zum Beispiel Sport oder andere körperliche Aktivitäten. Auch riskante Freizeitbeschäftigungen (Paragliding, Klettern) sind für Sie und Ihren Mars geeignet: Sie passen nämlich gut auf sich auf – und Ihrem Mars ist Genüge getan. Das wiederum kommt, zusammen mit der Jungfrauenergie, Ihrem Schaffen zugute.

Sie sollten auch einen Weg finden, Ihre Wut und Ihre Verletzungen besser zu zeigen. Mit Mars in der Jungfrau neigt man nämlich dazu, seine Aggressionen zu unterdrücken und irgendwo zu »bunkern« – bis dann das Maß voll ist und man wegen einer Kleinigkeit »an die Decke geht«.

Mars-Check
Wie gut setze ich mich durch? Ich habe Probleme, mich durchzusetzen.
Wie aggressiv macht mich mein Mars? Ich brauche lange, bis ich explodiere.
Wieviel Sexpower verleiht mir mein Mars? Ich bin kein Hengst, aber auch keine Schnecke. Erfolg macht mich sexy.

Mars in der Waage – RAFFINIERTES EROBERUNGSSPIEL

Marsstärken Lebhaft, gesellig, charmant, beliebt, ausgleichend, korrekt
Marsschwächen Ausschweifend, untreu, unmäßig

Mit Ihrer Marsposition vereinigen sich Feuer (Mars) und Luft (Waage). Diese Kombination kommt beiden Elementen zugute und wertet sie auf. Sie sind daher ein leichter, »luftiger« Mensch von sanguinischem Temperament und besitzen die Gabe, andere rasch für sich einzunehmen. Ihr Auftreten ist charmant, einfühlsam, zuvorkommend. Ihr Mars in der Waage macht Sie auch zu einem Streiter für Frieden und Ausgleich. Wo immer Ungerechtigkeiten und Zwietracht herrschen, fühlen Sie sich aufgerufen, zu schlichten und zu versöhnen. Zuweilen bricht aber auch bei Ihnen Mars in all seiner Heftigkeit durch, nämlich dann, wenn Sie zu lange versucht haben, ihn zu kontrollieren und zu unterdrücken.

Mars in der Waage führt auch zu starker Denkarbeit. Sie glauben, alle Probleme mit dem Kopf lösen zu können. Wichtig ist, sich für Ihren Mars ein Ventil zu suchen. Man kann diesen Planeten nicht zu permanenter Friedfertigkeit veranlassen. Aber wenn Sie ihn anderweitig leben, beim Sport, bei abenteuerlicher Freizeitgestaltung, dann gelingt es Ihnen besser, Ihren Mars für Ihre friedlichen Missionen einzuspannen. Ein weiteres Plus Ihrer Marsposition ist ein guter Geschmack und künstlerisches Talent.

Mars-Check
Wie gut setze ich mich durch? Ich bin ein guter Taktiker.
Wie aggressiv macht mich mein Mars? Eigentlich bin ich sehr friedlich, aber manchmal explodiere ich schon wegen einer Kleinigkeit.
Wieviel Sexpower verleiht mir mein Mars? Sex habe ich genug. Aber ich suche mehr, und zwar geistiges Verstehen.

Mars im Skorpion – INBRÜNSTIGES EROBERUNGSSPIEL

Marsstärken Kraftvoll, ausdauernd, hartnäckig, leidenschaftlich, furchtlos und mutig
Marsschwächen Lasterhaft, rachsüchtig

Ihnen steht ein besonderer Mars, eine starke, vitale Kraft zur Seite. Sie sind ausgesprochen zäh, wenn es um die Verwirklichung eines Zieles geht, an dem Ihnen auch emotional liegt. Selbst Mühen und Unannehmlichkeiten, mit denen sich andere Menschen nicht belasten würden, nehmen Sie dann gern in Kauf. Nicht verwunderlich ist es, daß diese Hartnäckigkeit mitunter zu außerordentlichen Leistungen führt. Dennoch sind Sie kein Kraftprotz, einer, der die Muskeln spielen läßt und bei jeder Gelegenheit zeigen will, was er draufhat. Skorpion ist vom Element her ein Wasserzeichen. Die Kraft des Planeten Mars ist nicht auf äußere Wirkung aus. Seine Power geht nach innen. Diese Marsposition führt dazu, daß Sie instinktmäßig wissen, wann Ihr Einsatz wichtig ist, wann etwas Bedeutsames und Wichtiges ansteht und erledigt werden muß: Dann werden Sie zum »Helden«. Daher ist Ihnen zu raten, Herausforderungen zu suchen und anzunehmen. Nur dann steht Ihr Mars voll auf Ihrer Seite, während Sie sonst beinahe müde und lustlos sein können.

Ihr Mars neigt zur Zerstörung. Das ist immer dann gut, wenn etwas alt, verbraucht, überholt und ein neuer Anfang angezeigt ist. Aber hüten Sie sich vor mutwilliger Zerstörung! – Mit Mars im Skorpion verfügen Sie auch über eine kolossale Sexpower. Sie sind leidenschaftlich, triebstark und letztendlich beseelt von der Idee, für Nachwuchs zu sorgen.

Mars-Check
Wie gut setze ich mich durch? Ich bringe meine Power indirekt ein und setze so meinen Willen durch.
Wie aggressiv macht mich mein Mars? Ich kann alles zerstören.
Wieviel Sexpower verleiht mir mein Mars? Mehr als allen anderen.

Mars im Schützen – FEURIGES EROBERUNGSSPIEL

Marsstärken Schlagfertig, gerecht, begeisterungsfähig, klar und offen
Marsschwächen Streitbar, aggressiv, beleidigend

Mit Mars im Schützezeichen trifft Feuer wieder auf Feuer und wird zur lodernden Flamme: Ihr Mars zeigt sich mit besonderer Intensität. Da Feuer ein Symbol gleichermaßen für Tatkraft wie geistige Regsamkeit ist, müssen Sie ein dynamischer, unternehmungsfreudiger Mensch sein, dessen Wirken durchdrungen ist von geistiger Weitsicht und Größe. Ihr Handeln und Wirken wird stark von Idealen geleitet: von Gerechtigkeit, Ritterlichkeit und Fairneß. Sie sind leicht zu begeistern und – einmal in Schwung – kaum zu bremsen. Was Sie brauchen, ist ein Ziel, eine Hoffnung, eine Perspektive, sonst erlischt Ihr Feuer.
Allerdings kann es auch sein, daß Ihr Mars noch ein Schattendasein führt, daß Sie ihn noch gar nicht richtig entdeckt haben. Vielleicht meinen Sie, keineswegs feurig oder übermäßig aktiv zu sein, sondern erleben sich eher als passiven Zeitgenossen. Dies hieße dann, daß Sie einen Teil Ihres Selbst negieren – und sich auf die Suche nach Ihrem Mars begeben sollten.
Was Ihnen hilft, Ihren Mars zu »wecken«, ist Bewegung, Tanz, aktiver Sport und Reisen. Vor allem aber müssen Sie direkter, spontaner und selbstbewußter werden. Sie müssen sich mit dem Mars in Ihrem Inneren verbinden – es ist alles da, was Sie brauchen.

Mars-Check
Wie gut setze ich mich durch? Solange Fairneß herrscht, kann ich mich prima durchsetzen.
Wie aggressiv macht mich mein Mars? Ich bin nicht aggressiv, aber für eine gute Sache werde ich zum heiligen Krieger.
Wieviel Sexpower verleiht mir mein Mars? Sex bringt mich dem Himmel näher.

Mars im Steinbock –
BERECHNENDES EROBERUNGSSPIEL

> **Marsstärken** Verantwortungsvoll, geduldig, zäh, mutig, tatkräftig
> **Marsschwächen** Eigenwillig, mißmutig

Mars im Steinbock führt zu einer Verbindung von Feuer und Erde, da der Steinbock zu den Erdzeichen zählt. Feuer und Erde zusammen wecken Arbeitswillen, Genauigkeit und Realitätssinn. Ihr Feuer brennt nicht lichterloh (um sich dann rasch zu verzehren), sondern lang anhaltend wie eine wohlgeschürte Glut. Das macht Sie zu einem Menschen, der gern und gut arbeitet, ausdauernd und präzise ist, strategisch vorgeht und sich nicht unüberlegt in seine Tätigkeiten stürzt. Mars im Steinbock macht auch extrem widerstandsfähig. Man kann Sie mit einem Diamantbohrer vergleichen, der sich in eine Sache unaufhaltsam hineinfrißt. Mars im Steinbock macht erfolgreich. Er verleiht Ihnen die entsprechende Motivation und ein Gespür für Machtverhältnisse.

Diese Konstellation bedeutet aber auch, daß sich Mars total wandeln muß. Aus einer impulsiven, feurigen, leicht erregbaren, leidenschaftlichen Energie wird eine kontrollier- und regelbare Kraft, die sich einer höheren Absicht fügt und dem Allgemeinwohl dient. Sie dürfen allerdings die ursprüngliche Qualität von Mars nicht vollständig verlieren. Das würde zu Aggressionsstau und unter Umständen sogar zu gesundheitlichen Problemen führen. Es ist also wichtig, sich für Ihren Mars ein Ventil zu suchen. Wenn Sie ihn anderweitig leben, beim Sport oder bei abenteuerlicher Freizeitgestaltung, dann gelingt es Ihnen besser, Ihren Mars für Ihre höheren Zwecke einzuspannen.

Mars-Check
Wie gut setze ich mich durch? Ich bin ein harter Arbeiter und schaffe alles, was ich will.
Wie aggressiv macht mich mein Mars? Normalerweise bin ich friedlich. Wer es aber drauf anlegt, wird mich kennenlernen.
Wieviel Sexpower verleiht mir mein Mars? Wenn die Verhältnisse stimmen, hole ich mir auch hier meine Gipfelerlebnisse!

Mars im Wassermann –
GEISTREICHES EROBERUNGSSPIEL

Marsstärken Aufgeweckt, innovativ, selbständig, schöpferisch
Marsschwächen Prahlerisch, eingebildet

Mit Ihrer Marsposition vereinigen sich Feuer (Mars) und Luft (Wassermann). Diese Kombination kommt beiden Elementen zugute und wertet sie auf. Sie sind daher ein leichter, »luftiger« Mensch, der die Gabe besitzt, andere für sich einzunehmen. Ihr Auftreten ist charmant, einfühlsam und zuvorkommend.

Alltag, graues Einerlei, tägliche Routine erzeugen bei Ihnen eine Gänsehaut. Sie möchten Neues erschaffen, eingefahrene Gleise verlassen, originell und schöpferisch sein. Freiheit ist für Sie überaus wichtig. Sie arbeiten besser, wenn Sie nicht ständig jemand gängelt. Sie sind der geborene »Freelancer«. Ihr ausgeprägtes Improvisationstalent ermöglicht Ihnen, originelle und unkonventionelle Lösungen zu finden, wenn Sie nicht durch Vorgaben eingeschränkt werden. In Beziehungen wird es Ihnen ebenfalls schnell zu eng. Eine Ehe bereitet Ihnen (auch) Probleme, Sie fühlen sich unfrei, wie »eingesperrt«.

Vielleicht aber entspricht diese Charakterisierung nicht Ihrem Selbstbild: Weder schätzen Sie sich als unabhängig oder freiheitsliebend noch als übermäßig schöpferisch ein. Dann ist zu vermuten, daß Ihr Mars noch auf seine Entdeckung wartet. Machen Sie sich auf die Suche! Was Ihnen hilft, Ihren Mars zu »wecken«, ist Bewegung, vor allem Tanz. Noch wichtiger aber ist, unkonventioneller und spontaner zu werden. Sie müssen sich mit dem Mars in Ihrem Inneren verbinden – es ist alles da, was Sie benötigen.

Mars-Check
Wie gut setze ich mich durch? Ich bin genial, aber nicht unbedingt durchsetzungsstark.
Wie aggressiv macht mich mein Mars? Ich hasse aggressive Menschen.
Wieviel Sexpower verleiht mir mein Mars? Sex ist schön, aber er ist nicht alles.

Mars in den Fischen –
SPHINXHAFTES EROBERUNGSSPIEL

Marsstärken Empfänglich, intuitiv, einfühlsam, kreativ
Marsschwächen Willensschwach, beeinflußbar, täuschbar

Der Feuerplanet Mars steht im Wasserzeichen Fische: Feuer und Wasser treffen aufeinander. Das kann dazu führen, daß das Feuer zunächst einmal ausgeht. Dann sind Sie jemand, der Schwierigkeiten hat, seinen Willen durchzusetzen, die Ellenbogen zu benutzen und sich zu behaupten – denn all dies sind marsische Eigenschaften. Gleichzeitig fühlen Sie sich jedoch innerlich gespannt, spüren Wut, Enttäuschung und Ungenügen, kommen damit aber nicht richtig heraus.

Es gibt jedoch auch die Möglichkeit, den Mars in den Fischen zu transformieren. Dazu muß man akzeptieren, daß man zwar nicht so direkt und forsch vorgeht, wie man es bei einem ungebremsten Mars erwarten würde, dafür aber eine andere Fähigkeit besitzt, nämlich ein kolossales Gespür. Das Fischezeichen ist seinem Wesen nach »transparent«, es besitzt keine klaren Grenzen, versetzt jemanden daher in die Lage, sich universell zu »vernetzen«. Man besitzt also eine Art sechsten Sinn, spürt andere Menschen, die sich nicht einmal in der Nähe aufhalten, ja, vermag sich sogar in die Zukunft zu »beamen«. Mars kann all diese Fähigkeiten noch steigern: Man wird zum paranormalen Individuum.

Wenn Sie Ihren Mars so in Ihr Leben integrieren, sind Sie ein Mensch, der durch sein Mitschwingen mit anderen und sein psychologisches Gespür am Ende genauso viel erreicht wie Menschen mit anderen Marspositionen.

Mars-Check
Wie gut setze ich mich durch? Damit habe ich Probleme. Versuche ich es dennoch, muß ich von der Sache hundertprozentig überzeugt sein.
Wie aggressiv macht mich mein Mars? Es dauert ewig, bis ich aus der Haut fahre.
Wieviel Sexpower verleiht mir mein Mars? Sex ist wunderbar, aber er ist nicht alles ...

Das Jupiterhoroskop –
INNERLICH UND ÄUSSERLICH REICH UND ERFOLGREICH SEIN

Jupiter = Glück
Jupiterzeichen

Nachts, wenn Venus nicht mehr (oder noch nicht) am Himmel leuchtet, ist Jupiter einer der hellsten Sterne überhaupt. Kein Wunder daher, daß er unseren Vorfahren, die der Nacht in viel umfassenderem Maße ausgeliefert waren als wir heute in unserer künstlich erhellten Zeit, ein Symbol für Hoffnung, Trost, Stimmigkeit und Gerechtigkeit war. Oft verband man ihn mit der obersten Gottheit.
So auch in der griechischen Mythologie, auf die sich die Symbolik der Astrologie entscheidend bezieht. Jupiter heißt bei den Griechen »Zeus«, und über ihn gibt es unzählige Mythen. So war er es, der gegen seinen Vater Saturnus bzw. Kronos, den obersten der Titanen, antrat

und ihn besiegte. Saturnus hatte nämlich außer Zeus alle seine Nachkommen aufgefressen, weil ihm geweissagt worden war, daß ihn eines seiner Kinder vom Throne stoßen würde. Rheia, Zeus' Mutter, versteckte ihren Sohn vor dem Vater, und die Prophezeiung erfüllte sich: Zeus entthronte ihn und warf ihn in den Tartaros.

Andere Geschichten über Zeus/Jupiter erzählen eher Delikates. So gelüstete es den obersten Gott wie gesagt immer wieder nach weltlichen Frauen, die er durch List dazu brachte, mit ihm zu schlafen und Kinder von ihm zu empfangen. Bei Leda zum Beispiel verwandelte er sich in einen Schwan und zeugte mit ihr Pollux. Auch Herakles und Dionysos entstammten seinem gemeinsamen Lager mit sterblichen Frauen. Gezeugt durch den unsterblichen Jupiter, erlangten seine Kinder ebenfalls die Unsterblichkeit.

Die Position Jupiters im Horoskop verweist daher einerseits auf tiefe Einsichten: Jupiter sorgt dafür, daß uns »ein Licht aufgeht«, wir letzten Endes weise werden. Auf der anderen Seite verkörpert Jupiter eine Gestalt, der eine unendlich große Liebe zukommt. Sinnbildlich gesprochen, sehnt sich der Mensch danach, sich mit dem göttlichen Jupiter zu vereinigen, um Kinder (symbolisch für Ideen und Taten) zu gebären, die unsterblich sind.

Des weiteren repräsentiert Jupiter den großen Helfer und Heiler. Dort, wo er im Horoskop steht, findet der Mensch Kräfte, sich und andere zu trösten und zu stärken. Am bekanntesten ist Jupiter in der Astrologie aber deswegen, weil er das Glück verheißt.

mich nicht siehst oder beachtest, wenn ich dich brauche. Ich weiß, dass das Ziel, das du beruflich hast natürlich aus Liebe zu mir verfolgst und wenn du mich weg in andere Städte aus meinem Alltag verkürzt.
Ich weiß, dass Ich und Vivi dir am wichtigsten sind und uns jeden Tag in deinen Gedanken trägst, dafür Liebe ich dich!

Dennoch ist mir für uns und unsere Zukunft etwas besonderes wichtig:
Kirchliche Eheglübnis, Vivi's Taufe, und damit Integration meiner Familie in unserem gemeinsamen Leben. Ich fühle mich ohne sie nur halb

Lieber Niels!

Es sind 2 Jahre her als wir uns das „Ja" Wort für gemeinsames Leben versprochen haben. Mir kommt es schon viel länger vor.

Es war nicht die einfachste Zeit, deine Krankheit, Umzug und jetzt meine Krankheit. Irgendwie haben wir das überstanden, zusammen gehalten. Es gibt auch manchmal Momente, wo ich nicht glücklich bin, z.b. wenn du

DIE ERMITTLUNG DES JUPITERZEICHENS

Suchen Sie in der Jupitertabelle Ihren Geburtstag, und entnehmen Sie Ihre Jupiterposition, die Sie auf den entsprechenden Text im anschließenden Kapitel über die Jupiterzeichen verweist. (Siehe auch die Vorbemerkung am Beginn von Teil II dieses Buches.)

Die Jupitertabelle

1920* Löwe, **1921** Jungfrau, **1922** Waage, **1923** Skorpion, **1924** Schütze, **1925** Steinbock, **1926** Wassermann, **1927** Widder, **1928** Stier, **1929** Zwillinge, **1930** Zwillinge, **1931** Krebs, **1932** Löwe, **1933** Jungfrau, **1934** Waage, **1935** Skorpion, **1936** Schütze, **1937** Steinbock, **1938** Fische, **1939** Widder, **1940** Stier, **1941** Zwillinge, **1942** Krebs, **1943** Krebs, **1944** Löwe, **1945** Jungfrau, **1946** Waage, **1947** Skorpion, **1948** Schütze, **1949** 21.6.–27.6. Wassermann, 28.6.–23.7. Steinbock, **1950** Fische, **1951** Widder, **1952** Stier, **1953** Zwillinge, **1954** Krebs, **1955** Löwe, **1956** 21.6.–7.7. Löwe, 8.7.–23.7. Jungfrau, **1957** Jungfrau, **1958** Waage, **1959** Skorpion, **1960** Schütze, **1961** Wassermann, **1962** Fische, **1963** Widder, **1964** Stier, **1965** Zwillinge, **1966** Krebs, **1967** Löwe, **1968** Jungfrau, **1969** 21.6.–15.7. Jungfrau, 16.7.–23.7. Waage, 1970 Waage, **1971** Skorpion, **1972** Steinbock, **1973** Wassermann, **1974** Fische, **1975** Widder, **1976** Stier, **1977** Zwillinge, **1978** Krebs, **1979** Löwe, **1980** Jungfrau, **1981** Waage, **1982** Skorpion, **1983** Schütze, **1984** Steinbock, **1985** Wassermann, **1986** Fische, **1987** Widder, **1988** 21.6.–21.7. Stier, 22.7.–23.7. Zwillinge, **1989** Zwillinge, **1990** Krebs, **1991** Löwe, **1992** Jungfrau, **1993** Waage, **1994** Skorpion, **1995** Schütze, **1996** Steinbock, **1997** Wassermann, **1998** Fische, **1999** 21.6.–27.6. Widder, 28.6.–23.7. Stier, **2000** 21.6.–29.6. Stier, 30.6.–23.7. Zwillinge, **2001** 21.6.–12.7. Zwillinge, 13.7.–23.7. Krebs, **2002** Krebs, **2003** Löwe

* Siehe auch die Anmerkung zur Mondtabelle.

DIE JUPITERZEICHEN DER KREBSE

Jupiter im Widder – DAS GLÜCK DES FEUERS

Jupiterstärken Selbstvertrauen, Optimismus
Jupiterschwächen Prahlerei

Ihr Glück ist für Sie die Möglichkeit, Ihren Willen und Ihre Impulse spontan und unmittelbar umsetzen zu können. Sie sind ein Abenteurer – in Wirklichkeit wie im Geiste. Sie möchten wie Kolumbus die Welt entdecken. Und wie Einstein, Hildegard von Bingen oder Galileo Galilei den Gipfel menschlicher Erkenntnis erreichen. Wenn Sie sich bewegen, geistig wie körperlich, sind Sie Ihrem Schöpfer am nächsten. Stillstand hingegen weckt Resignation; Sie fühlen sich fern und ausgestoßen vom großen Ganzen. Durch Ihre optimistische und positive Weltauffassung sind Sie dafür bestimmt, anderen voranzugehen oder ihnen den Weg zu weisen. Denn Sie tragen eine Fackel des Lichts und der Wahrheit.
So schlummert auch ein Heiler und Prophet in Ihnen, der im Laufe Ihres Lebens geweckt werden will. Bevor Sie allerdings selber ein Lichtbringer sein können, werden Sie Persönlichkeiten suchen, die Ihnen auf Ihrem eigenen Weg ein Vorbild sind. Mit der Gabe, andere zu führen, müssen Sie behutsam umgehen. Hüten Sie sich, andere zu blenden oder sich über deren Unwissen zu erheben. Sie dürfen Ihre Demut nie verlieren, und Sie dürfen nicht vergessen, daß Sie selbst auch – und sogar zuallererst – ein Suchender sind.

Jupiter-Check
Wie habe ich Erfolg, inneres und äußeres Glück? Durch Handeln, Reisen, Unternehmungen, Initiativen.
Wie kann ich helfen und heilen? Durch tatkräftiges Unterstützen, Körpertherapie, Yoga, Sport, Wärme. Andere motivieren, ihnen Mut zusprechen.

Jupiter im Stier – DAS GLÜCK DER ERDE

> **Jupiterstärken** Geduld, Großzügigkeit
> **Jupiterschwächen** Bequemlichkeit

Ihr Glück liegt im ungestörten Genuß. Überfluß und Sicherheit bedeuten für Sie die Erfüllung Ihrer Wünsche. Natürlich würden Sie Ihr erstrebtes Glück, wenn es möglich wäre, herbeizaubern, aber Sie können auch warten. Wie ein Gärtner geduldig sät und die wachsenden Pflanzen hegt, damit sie zur vollen Größe gedeihen können, so überwachen Sie Ihr Hab und Gut, Ihre Anlagen und Talente und entwickeln sie zur vollen Reife.

Der Vergleich mit dem Gärtner ist auch in anderer Hinsicht passend. Denn Sie lieben die Natur. Eine Waldlichtung im Frühling erscheint Ihnen als Dom, und Sie sind Ihrem Schöpfer dort vielleicht näher als in einer Kirche. Die Natur zeigt Ihnen absolute Ordnung, Stimmigkeit und Erfüllung. Und Natur heilt. Sie heilt Sie, wenn Sie erschöpft oder krank sind. Sie brauchen sich nur unter einen Baum zu legen, und Sie fühlen sich sofort besser.

In der Natur finden Sie aber auch die Stoffe, um andere zu heilen. Nahrung, Heilkräuter, homöopathische Essenzen. Alles erhält durch Ihren Jupiter eine höhere Potenz, heilt und macht ganz. Sie sollten sich jedoch davor hüten, sich nicht im reinen Besitz zu verlieren: Ein Baum sammelt nicht die Erde, die ihn hält, er benützt sie, um in den Himmel zu wachsen.

Jupiter-Check
Wie habe ich Erfolg, inneres und äußeres Glück? Durch Geduld und Nähe zur Erde. Durch materiellen Wohlstand. Durch Liebe und Sinnlichkeit.
Wie kann ich helfen und heilen? Durch die Heilkräfte der Natur. Aber auch allein ihre Nähe beruhigt und heilt.

Jupiter in den Zwillingen –
DAS SELBSTVERSTÄNDLICHE GLÜCK

Jupiterstärken Begeisterungsfähigkeit
Jupiterschwächen Ruhelosigkeit

Ihr Glück finden Sie im Alltäglichen, auf einem Wochenmarkt, im Zug, bei einer Unterhaltung mit Freunden und Bekannten. Aber auch zu Menschen, die Sie noch nicht kennen, finden Sie rasch einen Bezug und große Nähe. Dieses »kleine Glück« bedeutet Ihnen wesentlich mehr als die Suche nach großer und absoluter Erfüllung.
Sie haben eine enorme sprachliche Begabung und werden in Ihrem Leben bestimmt mehrere Sprachen lernen. Sie können auch gut schreiben und sprechen.
Um sich wohl zu fühlen, brauchen Sie die Geselligkeit, den verbalen Austausch und die lebendige Kommunikation. Unter Menschen finden Sie zu sich und fühlen sich aufgehoben im Ganzen der Schöpfung. Allein hingegen verlieren Sie Ihre innere Sicherheit und den tiefen Glauben, daß alles sinnvoll und von höherem Willen getragen ist. Daher ist es auch Ihre Aufgabe, Menschen miteinander zu verbinden, damit sie sich nicht als Individuen erfahren, die wie Robinson Crusoe »allein auf einer Insel« leben. Der Mensch ist ein soziales Wesen. Er wächst in einer Familie auf, schafft sich später seine eigene Familie, seine Arbeitswelt, seine Freunde. Selbst wenn er die Erde verläßt, geht er nicht in die Einsamkeit, sondern dorthin, wo sich immer schon alle aufhalten. Sie sind auf der Welt, um Menschen aus ihrer Einsamkeit zu befreien, in die sie irrtümlicherweise geraten sind.

Jupiter-Check
Wie habe ich Erfolg, inneres und äußeres Glück? In den »kleinen«, alltäglichen Dingen, die um Sie herum sind. Und in der Begegnung mit anderen.
Wie kann ich helfen und heilen? Durch gute Worte, aufmunternden Zuspruch, durch Zuhören und Teilnahme. Durch Schaffen von Verbindungen.

Jupiter im Krebs – DAS GLÜCK DES FÜHLENS

> **Jupiterstärken** Suggestivwirkung, Phantasie
> **Jupiterschwächen** Gefühlspathos, Mißbrauch

Glück finden Sie in Ihren eigenen und in den Gefühlen anderer. Auch Musik oder ein Gedicht weckt ein Ahnen, das Sie Ihrem Schöpfer näherbringt. Gott ist Ihrer Meinung nach ein Gefühl der Verschmelzung mit dem Strom, aus dem alles kommt, und dem Ozean, in den alles mündet.

Man könnte Sie auch einen »Seelentaucher« nennen, denn Ihre liebste Beschäftigung ist, in Ihre eigene oder die Seele anderer Menschen zu tauchen. Eine gesunde und heile Psyche ist für Sie unerläßlich, um zufrieden zu sein. Daher wenden sich auch andere Menschen an Sie, weil sie instinktiv spüren, daß Sie ihnen dabei helfen können, die eigene Seele zu heilen. So betrachtet sind Sie ein Lichtbringer, der anderen Frieden schenkt.

In der Familie sehen Sie den Anfang allen Glücks – aber auch den Anfang allen Elends. Sie werden daher nicht müde, die heile, sinnstiftende, ganzheitliche, befreiende Familie zu postulieren. In diesem Zusammenhang ist eines sehr wichtig: Sosehr Sie die Familie lieben, so fern liegt es Ihnen, nur Ihr eigenes Nest zu bewundern. Ganz im Gegenteil, fremde Sitten und Gewohnheiten sind Ihnen ebenso wichtig wie die eigenen. Am liebsten würden Sie in einer Gemeinschaft leben, die von Menschen der unterschiedlichsten Herkunft getragen wird.

Geborgenheit ist für Sie kein leeres Wort, sondern ein anderer Ausdruck für Erfüllung, Heimat, Göttlichkeit und Ewigkeit. Wie ein Seismograph erspüren Sie daher Unstimmigkeiten in Ihrer Umgebung, die Disharmonie verursachen und den Frieden stören können. Ihre großen heilerischen Fähigkeiten ermöglichen es, solche Dissonanzen zur Auflösung zu bringen. Hüten Sie sich aber davor, als Retter aufzutreten. Sie sind stark, wenn Sie gewisse Dinge einfach nur geschehen lassen.

Jupiter-Check
Wie habe ich Erfolg, inneres und äußeres Glück? Im Fühlen, in der Liebe, im Geben, in der Familie, in der Vergangenheit, bei den Ahnen.
Wie kann ich helfen und heilen? Durch aufdeckende Gespräche und Begleiten.

Jupiter im Löwen – DAS GLÜCK DER FREUDE

> **Jupiterstärken** Herzenswärme, Großmut
> **Jupiterschwächen** Eitelkeit, Dünkel

Glück bedeutet für Sie, die Möglichkeit zu haben, spontan und großzügig schenken zu können. Äußere Werte sind Ihnen deshalb nicht unwichtig, denn nur wer hat, kann geben. Aber Sie sind absolut kein Materialist, im Gegenteil: Wenn Sie nach Macht und Einfluß streben, dann nicht in erster Linie um persönlicher Vorteile willen, sondern weil Sie überzeugt sind, mit Ihrem Eintreten für Ihre Werte einen wichtigen Beitrag für die Allgemeinheit leisten zu können. Geben und großzügig sein zu können sind für Sie wesentliche Eigenschaften. Aber dieses Geben bezieht sich auf ganz andere Dinge als auf Geld und schöne Geschenke: In Ihnen lebt auch die Göttin der Muse, die nur geweckt werden möchte, um andere zu erfreuen, zu unterhalten, zu erheben. Als Künstler, Maler, Musiker, Bildhauer, Poet – darin steckt Ihre größte Erfüllung. Sie müssen jedoch nicht bühnenreif singen oder druckreif schreiben können, um Ihrer Bestimmung als »göttlicher Unterhalter« gerecht zu werden. Wo immer Sie unter Menschen sind, verbreiten Sie Ihren Optimismus. So liegt denn Ihre Bestimmung auch darin, anderen die Freude am Leben zu zeigen.

Wovor Sie sich hüten müssen, ist Ihr Stolz. Sie können nur schwer Kritik ertragen. Und wenn sich andere von Ihnen abwenden, erleben Sie das immer als persönlichen Affront. Bleiben Sie heiter! Tragen Sie das Feuer der Freude unter die Menschen! Aber achten Sie darauf, daß Sie niemanden damit verbrennen!

Jupiter-Check

Wie habe ich Erfolg, inneres und äußeres Glück? Durch lebendige Teilnahme am Leben. Durch Großzügigkeit. Durch die Kraft der Heiterkeit.

Wie kann ich helfen und heilen? Zeigen Sie anderen das Leben, wie Sie es wahrnehmen, als nährenden Urgrund, als göttlichen Spielplatz.

Jupiter in der Jungfrau – DAS GLÜCK DER GESUNDHEIT

Jupiterstärken Engagement, Bescheidenheit
Jupiterschwächen Zersplitterung

Glück ist für Sie die einfachste Sache der Welt, es liegt vor der Tür, es muß nur gefunden und aufgehoben werden. Sie sind daher auch kein Freund großangelegter und sich ewig hinziehender Expeditionen auf der Suche nach dem Glück. Entweder es ist hier – oder nirgends. Manchmal finden Sie das Glück in der Arbeit. Es stimmt Sie völlig zufrieden, wenn Dinge passen oder richtig ineinandergefügt sind und am Schluß eine Maschine läuft oder ein bestimmtes Programm Ergebnisse liefert. Manchmal finden Sie Ihr Glück in der Ordnung: Insbesondere die Natur ist Ihnen darin ein genialer Lehrmeister. Die Folge der Jahreszeiten, das Ineinandergreifen von Phasen des Wachstums und der Stagnation – das alles ist für Sie ein Ausdruck göttlicher Ordnung, die sich in Geschehnissen am Himmel tagtäglich und jahraus, jahrein wiederholt. Auf besondere Weise faszinieren Sie aber die Vorgänge im menschlichen Körper. Dieses tagtägliche Wunder von Nahrungsaufnahme und Verwandlung in Leben, das Ineinandergreifen von Atmung und dem Schlagen des Herzens, das alles ist für Sie ein sinnhafter Beweis göttlichen Wirkens.

Ihr Wissen über die Natürlichkeit und Göttlichkeit des menschlichen Seins befähigt Sie daher zum Heiler. Dafür müssen Sie nicht gleich Arzt, Heilpraktiker oder Psychotherapeut sein. Allein durch Ihre Nähe und Ihr Bewußtsein bewirken Sie bei anderen kleine Quantensprünge. Je weiter Sie selbst sind, um so eher können Sie anderen ein Vorbild sein. Wovor Sie sich hüten müssen, ist, Ihr wertvolles Wissen zu mißbrauchen. Wirken Sie durch Ihr gutes Beispiel und nicht durch Druck und Besserwisserei!

Jupiter-Check
Wie habe ich Erfolg, inneres und äußeres Glück? Im alltäglichen Tun. In der Arbeit. Im Gefühl der Ordnung.
Wie kann ich helfen und heilen? Durch bewußte Ernährung. Durch Studium von Körper und Geist. Durch Lernen von der Natur.

Jupiter sorgt dafür, daß uns ein Licht aufgeht

Jupiter in der Waage – DAS GLÜCK DER LIEBE

Jupiterstärken Toleranz, Lebenskünstler
Jupiterschwächen Eitelkeit, Genußsucht

Glück finden Sie in der Kraft der Liebe. Sie müssen nicht einmal selbst daran unmittelbar beteiligt sein. Auch wenn andere Menschen die Liebe finden, fühlen Sie sich angenommen, zu Hause, eins mit der Schöpfung. Noch göttlicher ist es natürlich, wenn die Liebe Sie selbst betrifft … Auf einer Wolke schweben Sie, im Paradies sind Sie, im Himmel … Liebe ist Ihrer Meinung nach Ursprung und Ziel allen Seins. Gott ist die Liebe, und das Leben entspringt aus ihr. Der Liebe geben Sie alles. Umgekehrt beschenkt Sie die Liebe auch. Sie erhalten die Fähigkeit, andere tief zu berühren, sie zu trösten, zu erfreuen und aufzubauen. Ihre Liebe ermöglicht es Ihnen, unterschiedliche Tendenzen und Wünsche aufzunehmen und in Einklang zu bringen. Sie finden immer wieder tragfähige Kompromisse, bei denen niemand der Verlierer ist. Ihr sicheres Geschick prädestiniert Sie für viele Tätigkeiten und Berufe, bei denen es auf Vermittlerqualitäten ankommt, zum Beispiel in der Politik, wenn es darum geht, Menschen mit den unterschiedlichsten Meinungen an einen Tisch zu bringen.

Auch der Kunst gehört Ihr Herz. Allerdings zählt für Sie nur das zur Kunst, was von Liebe getragen ist und Harmonie und Stimmigkeit ausdrückt. Im Grunde genommen schlummert in Ihnen selbst ein Künstler, der darauf wartet, seine Fähigkeiten zum Fließen bringen zu können.

Wovor Sie sich hüten müssen, ist, sich von Liebe und Harmonie einlullen zu lassen. Alles im Leben hat zwei Seiten. Zur Liebe gehört Auseinandersetzung und zur Harmonie Spannung. Nur wenn Sie das Gleichgewicht zwischen Harmonie und Spannung finden, ergibt sich vollendete Liebe.

Jupiter-Check
Wie habe ich Erfolg, inneres und äußeres Glück? Indem Sie verzeihen, lieben, empfangen und geben.
Wie kann ich helfen und heilen? Allein Ihre Nähe heilt.
Ihre Berührungen sind Labsal für Körper, Seele und Geist.

Jupiter im Skorpion – DAS GLÜCK DER TIEFE

Jupiterstärken Tiefgründigkeit, Spiritualität
Jupiterschwächen Exaltiertheit, Despotentum

Glück findet sich Ihrer Meinung nach auf dem Grund aller Dinge, nicht an der Oberfläche. Dieses Wissen haben Sie mit in die Welt gebracht. Es ist die Wahrheit, die Ihnen Ihr Jupiter verkündet und die Sie Ihrerseits weiterverbreiten. Sie kennen die Höhen und Tiefen menschlicher Existenz, und Sie lassen sich nicht blenden vom sogenannten schönen Schein.

Was die Welt wirklich zusammenhält, ist der ewige Kreislauf von Zeugung, Geburt, Leben und Tod. Alles war schon immer – und alles wird immer sein ... Daher nehmen Sie sich in besonderer Weise solcher Dinge an, die ausgegrenzt wurden aus diesem ewigen Kreislauf, aber unbedingt mit dazugehören. Zum Beispiel ist für Sie der Schatten ein notwendiger Teil des Lichts. Sie fühlen sich deshalb veranlaßt, sich für Schwächere einzusetzen oder aus der Gesellschaft Ausgeschlossene zu unterstützen. Sie wissen instinktiv, daß es dem Leben schadet, wenn nicht alle seine Seiten integriert werden. In Ihnen lodert das heilende Feuer Jupiters besonders stark und leidenschaftlich. Wie Pollux einst seinem toten Bruder Kastor in die Unterwelt folgte, um bei ihm zu sein, sind Sie bereit, die größten Unannehmlichkeiten auf sich zu nehmen, damit das Leben keinen Teil verliert. Sie sind daher der geborene Retter und Heiler, unabhängig davon, ob Sie diese Gaben in einem Beruf ausüben oder sie als selbstverständlichen Beitrag in Ihren Alltag einbringen.

Wovor Sie sich allerdings hüten sollen, ist, sich über das Schicksal zu stellen oder zu versuchen, ein unangenehmes, aber wichtiges Ereignis »ungeschehen« zu machen.

Jupiter-Check
Wie habe ich Erfolg, inneres und äußeres Glück? Durch Hinterfragen, In-die-Tiefe-Gehen, Abwarten und einfach Sein.
Wie kann ich helfen und heilen? Indem Sie sich derer annehmen, die von anderen Menschen ausgegrenzt werden.

Jupiter im Schützen – DAS GLÜCK DER HOFFNUNG

Jupiterstärken Idealismus, Expansion
Jupiterschwächen Schwärmerei, Naivität

Glück ist für Sie, unterwegs zu sein, auf Rädern, im Flugzeug, im Zug, auf dem Schiff. In Ihnen lebt die Geschichte aller fahrenden Völker, der Nomaden und Zigeuner, der Boten, herumziehenden Bader, Gaukler, Barden und Geschichtenerzähler. Letztlich ist es die große Suche, die Sie leitet und führt, die Suche nach dem ewigen Gral, nach Erleuchtung, nach der blauen Blume, nach der Quintessenz der Alchimie. Glaube ist für Sie Sehnsucht, Gott findet sich immer anderswo, auf dem Weg zu sein ist für Sie das Ziel.

So verbreiten Sie die Wahrheit des Vielen und nicht die des Einen. Deswegen sind Sie so tröstlich für diese Welt: Denn Sie kennen immer noch einen Weg, sehen stets eine weitere Möglichkeit. Nichts ist für Sie aussichtslos, viele Wege führen nach Rom, und kein Problem ist so groß, daß es nicht doch eine Lösung dafür gäbe.

Das Feuer, das Ihnen Jupiter in die Hände gibt, heißt »Hoffnung«, und wo immer Sie sind, keimt dieses Gut wie Samen in der Erde. Gegen Hoffnungslosigkeit, Borniertheit und Menschen, die anderen keine Chancen lassen, ziehen Sie regelrecht ins Feld. Auf Ihrem Banner stehen Gerechtigkeit und Menschenwürde, das sind Ihre fundamentalen Anliegen, für die Sie sich vehement einsetzen.

Wovor Sie sich hüten müssen, ist, das Kind mit dem Bade auszuschütten. In Ihrem heilsamen Krieg gegen die Blindheit der Menschen laufen Sie Gefahr, selbst blind und einseitig zu werden.

Jupiter-Check
Wie habe ich Erfolg, inneres und äußeres Glück? Durch die immerwährende Suche nach Sinn und Göttlichkeit.
Wie kann ich helfen und heilen? Durch Ihre hoffnungsvolle Art, Ihren Trost, Ihren Humor, Ihren Witz ...

Jupiter im Steinbock – DAS GLÜCK DES WISSENS

Jupiterstärken Führungsqualität, Ausdauer
Jupiterschwächen Lehrmeisterei

Glück ist für Sie, Ihre Arbeit getan zu haben und Ruhe und Sammlung dankbar zu genießen, ähnlich der Erde, die nach einer Phase der Dürre Regen dankbar aufnimmt. Glück ist für Sie aber auch, sich einer Sache vollständig zu verschreiben, ihr zu gehören, bis sie vollbracht ist. Darin gleichen Sie einem Bergsteiger, der nicht eher ruht, bis er auf dem Gipfel steht – und dort nach dem nächsten Ausschau hält. Sie sind daher ein Mensch, der sich selbst immer wieder antreiben und motivieren kann – nach höheren, größeren Zielen strebt.

Genauso können Sie anderen Vorbild und eine große Hilfe sein, zum Beispiel verzagten und ängstlichen Menschen. Sie sind auch eine Führungspersönlichkeit. Nicht eine, die durch große Reden andere zu beeindrucken sucht. Sie werden auch niemals andere voranschicken und selbst im Hintergrund warten. Sondern Sie gehen ihnen voraus. Um das zu leisten, was Sie sich vornehmen, brauchen Sie Kraft, Ausdauer, Zähigkeit. Daher trainieren Sie diese Eigenschaften, um sie zu verbessern.

Sie sind hart zu sich selbst, weil Sie wissen, daß Sie sich nicht schonen dürfen, wenn Sie Ihre Ziele erreichen wollen. Die gleiche Einstellung erwarten Sie allerdings auch von anderen, was manchmal dazu führt, daß diese Sie fürchten und Ihnen aus dem Weg gehen. Daher ist es für Sie wichtig zu erkennen, daß nicht alle Menschen aus dem gleichen (harten) Holz geschnitzt sind. Entwickeln Sie Geduld, Nachsicht und Toleranz für Ihre Mitmenschen, und Sie werden eines Tages den höchsten Berg bezwingen – den Berg der Weisheit.

Jupiter-Check
Wie habe ich Erfolg, inneres und äußeres Glück? Durch Arbeit und Übernahme von Verpflichtungen. Durch Demut. Durch Anstrengung und Leistung.
Wie kann ich helfen und heilen? Durch vorbildliches Verhalten. Durch richtige Führung.

Jupiter im Wassermann – DAS GLÜCK DES FORTSCHRITTS

Jupiterstärken Humanismus, Toleranz
Jupiterschwächen Autoritätskonflikte

Glück ist für Sie das Gefühl, vorwärtszuschreiten, nicht stehenzubleiben, sondern Ihren Idealen von einer besseren, gerechteren, liebevolleren Welt näherzukommen. Sie sind ein Utopist, beseelt von der Vorstellung einer Welt von morgen, in der Armut, Krankheit und anderes Leid überwunden sein werden. Und Sie unterstellen sich selbst dem Fortschritt, arbeiten für ihn, kämpfen für ihn.

Es geht Ihnen jedoch nicht allein um Ihre eigene Zukunft. Sie sind auch ein Menschenfreund, der immer an das Gute glaubt. Sie verfügen über ein großes soziales Verantwortungsbewußtsein. Und Sie suchen immer wieder nach neuen Aufgaben, bei denen Sie Schwächeren und Benachteiligten helfen können. Dabei unterstützen Sie die Eigenverantwortung und Autonomie jedes Menschen. Denn Sie wollen kein Helfer oder Missionar sein, der anderen in ihrer Not zwar hilft, sie aber in ihrer Unmündigkeit beläßt.

Ungleichheit zwischen den Menschen hassen Sie mehr als alles andere. Es fällt Ihnen daher auch schwer, unter einer straffen Hierarchie zu arbeiten und zu leben. Sie dulden keinen über, aber auch niemanden unter sich.

Das Feuer, das Ihnen Jupiter überreicht, ist die Kraft und Ihr Glaube an eine positive Zukunft. Das macht Sie für diese Welt besonders wichtig. Denn Ihrem Willen, Ihren Visionen ist es zu verdanken, daß wir uns immer weiterentwickeln und nicht stehenbleiben.

Von emotional geäußerter Kritik oder Ablehnung lassen Sie sich nicht irritieren, sondern arbeiten beharrlich an der Erreichung eines einmal gesetzten Zieles weiter.

Wovor Sie sich in acht nehmen müssen, ist, daß Sie das Alte nicht völlig verwerfen. Sie berauben sich sonst Ihrer eigenen Wurzeln. Dann ist aber auch der Fortschritt eine Illusion.

Jupiter-Check
Wie habe ich Erfolg, inneres und äußeres Glück? Durch Arbeit an einer besseren Zukunft.
Wie kann ich helfen und heilen? Durch Vermitteln von neuen Perspektiven. Durch solidarische Unterstützung. Durch Veränderung.

Jupiter in den Fischen – DAS GLÜCK DES SEINS

Jupiterstärken Liebe, Mitgefühl, Intuition
Jupiterschwächen »Helfersyndrom«

Glück bedeutet für Sie, eins zu sein mit der Schöpfung, so wie ein Tropfen, der ins Meer fällt, im Meer eins wird mit dem Ganzen. Ihr Leben richtet sich vollkommen nach dem Ideal der Selbstlosigkeit und dem Zurückstellen eigener Bedürfnisse hinter das Wohlergehen des größeren Ganzen.

Ihr Engagement für eine bessere, humanere, liebevollere Welt macht auch vor eigenen Konsequenzen nicht halt, und es kann sein, daß Sie, weil Sie beispielsweise Tiere als beseelt betrachten, kein Fleisch mehr essen. In besonderer Weise gilt Ihr Schutz all jenen, die selbst nicht in der Lage sind, sich zu schützen: Kindern, Kranken oder auch Tieren. Soziales Engagement ist für Sie kein Schlagwort, sondern ein selbstverständlicher Teil des Lebens.

Ihr Jupiter macht Sie sensibel für Ungerechtigkeit und Lieblosigkeit; und er schenkt Ihnen die Kraft und Fähigkeit, entsprechende Mißstände zu mildern. Sei es, daß Sie ein Arzt oder ein Krankenpfleger werden oder einer Umweltorganisation beitreten. Jupiter verleiht Ihnen eine besondere Magie, die Leid und Traurigkeit auflöst. Sie tun aber auch gut daran, diese besondere Fähigkeit weiterzuentwickeln, indem Sie Heilpraktiker werden oder sich mit Dingen beschäftigen, die Ihre Neigungen fördern.

Da Sie Ihre Aufmerksamkeit oft auf ferne Ideale legen, welche für Sie auch mit tiefempfundenen Gefühlen verbunden sind, macht Ihnen die Bewältigung des Naheliegenden und der Umgang mit der unmittelbaren, konkreten Wirklichkeit mitunter etwas Mühe. Des weiteren ist es wichtig, daß Sie sich als Helfer nicht mißbrauchen lassen. Sie sollten daran arbeiten, sich deutlicher abgrenzen zu können.

Jupiter-Check
Wie habe ich Erfolg, inneres und äußeres Glück? Durch Hingabe an das, was ist. Durch Liebe des Ganzen.
Wie kann ich helfen und heilen? Sie besitzen große heilerische Fähigkeiten, die Sie nur zum Fließen bringen müssen.

Das Saturnhoroskop –
ZUM LEUCHTENDEN DIAMANTEN WERDEN

In der Astrologie gilt Saturn weithin als Übeltäter, als Verkörperung des Schlechten und Bösen. Er scheint es darauf abgesehen zu haben, uns das Leben so schwer wie irgend möglich zu machen. Wie der Drache im Märchen verkörpert er Gefahr, Schrecken, ja, zuweilen sogar den Tod. Daher finden sich alte Abbildungen, auf denen Saturn als Skelett mit Sense zu sehen ist, das alles erbarmungslos niedermäht. Saturn kennt kein Mitleid, keine Gnade. Er wirft den Menschen ihr Schicksal vor die Füße – und es bleibt nichts anderes, als es zu nehmen und zu tragen.
Aber es existiert doch auch eine andere, eine positive Seite. Wenn Saturn einen plagt, schikaniert, an den Abgrund heranführt, dann hilft er ebenso, sich gegen die Unbilden des Schicksals zu wappnen. Saturn bietet daher die Chance, stark zu werden. Er »schmiedet« den Menschen, macht ihn hart, widerstandsfähig, ausdauernd. Wer immer etwas Großes erreicht in seinem Leben, der schafft es mit Hilfe Saturns und seiner (oft) grausamen Wechselbäder. Dort, wo in unserem Horoskop der Planet Saturn steht, müssen wir also lernen, in die Schule gehen, dort werden wir gestreckt und zusammengeschoben, kritisiert und tyrannisiert, trainiert und behindert – bis wir Perfektion erlangen. Perfektion, Vollkommenheit, Reinheit – vom Rohling zum Diamanten: So läßt sich das Wirken Saturns zusammenfassen.
Und dennoch geht es dabei keineswegs ausschließlich um Härte, Ausdauer, Übung, Verzicht und unermüdliches Arbeiten an sich selbst. Der Weg zur Vollkommenheit führt unmittelbar am Fluß der Gnade entlang. Die Arbeit mit und durch Saturn besteht nicht nur aus Ehrgeiz und läuft auch nicht allein nach dem Motto »Gelobt sei, was hart macht!« Vielmehr schließt der Weg zur Vollendung ebenso Demut mit ein. Saturn ist kein kalter, gemeiner, fordernder Feind, dem gegenüber es sich nur zu wappnen und zu rüsten gilt. Er verlangt – nein, er verdient – auch Ehrfurcht und Liebe.

DIE ERMITTLUNG DES SATURNZEICHENS

Suchen Sie in der folgenden Saturntabelle Ihren Geburtstag, und entnehmen Sie Ihr Saturnzeichen, das Sie auf den entsprechenden Text im Anschluß verweist. (Siehe auch die Vorbemerkung am Beginn von Teil II dieses Buches.)

Die Saturntabelle

> **1920*** Jungfrau, **1921** 1.1.–8.10. Jungfrau, 9.10.–31.12. Waage, **1922** Waage, **1923** 1.1.–20.12. Waage, 21.12.–31.12. Skorpion, **1924** 1.1.–6.4. Skorpion, 7.4.–14.9. Waage, 15.9.–31.12. Skorpion, **1925** Skorpion, **1926** 1.1.–2.12. Skorpion, 3.12.–31.12. Schütze, **1927–1928** Schütze, **1929** 1.1.–15.3. Schütze, 16.3.–5.5. Steinbock, 6.5.–30.11. Schütze, 1.12.–31.12. Steinbock, **1930–1931** Steinbock, **1932** 1.1.–23.2. Steinbock, 24.2.–13.8. Wassermann, 14.8.–19.11. Steinbock, 20.11.–31.12. Wassermann, **1933–1934** Wassermann, **1935** 1.1.–14.2. Wassermann, 15.2.–31.12. Fische, **1936** Fische, **1937** 1.1.–24.4. Fische, 25.4.–18.10. Widder, 19.10.–31.12. Fische, **1938** 1.1.–13.1. Fische, 14.1.–31.12. Widder, **1939** 1.1.–5.7. Widder, 6.7.–23.9. Stier, 24.9.–31.12. Widder, **1940** 1.1.–19.3. Widder, 20.3.–31.12. Stier, **1941** Stier, **1942** 1.1.–9.5. Stier, 10.5.–31.12. Zwillinge, **1943** Zwillinge, **1944** 1.1.–19.6. Zwillinge, 20.6.–31.12. Krebs, **1945** Krebs, **1946** 1.1.–2.8. Krebs, 3.8.–31.12. Löwe, **1947** Löwe, **1948** 1.1.–18.9. Löwe, 19.9.–31.12. Jungfrau, **1949** 1.1.–3.4. Jungfrau, 4.4.–29.5. Löwe, 30.5.–31.12. Jungfrau, **1950** 1.1.–20.11. Jungfrau, 21.11.–31.12. Waage, **1951** 1.1.–7.3. Waage, 8.3.–13.8. Jungfrau, 14.8.–31.12. Waage, **1952** Waage, **1953** 1.1.–22.10. Waage, 23.10.–31.12. Skorpion, **1954–1955** Skorpion, **1956** 1.1.–12.1. Skorpion, 13.1.–14.5. Schütze, 15.5.–9.10. Skorpion, 10.10.–31.12. Schütze, **1957–1958** Schütze, **1959** 1.1.–5.1. Schütze, 6.1.–31.12. Steinbock, **1960–1961** Steinbock, **1962** 1.1.–3.1. Steinbock, 4.1.–31.12. Wassermann, **1963** Wassermann, **1964** 1.1.–23.3. Wassermann, 24.3.–17.9. Fische,

* Siehe auch die Anmerkung zur Mondtabelle.

18.9.–15.12. Wassermann, 16.12.–31.12. Fische, **1965–1966** Fische, **1967** 1.1.–3.3. Fische, 4.3.–31.12. Widder, **1968** Widder, **1969** 1.1.–29.4. Widder, 30.4.–31.12. Stier, **1970** Stier, **1971** 1.1.–18.6. Stier, 19.6.–31.12. Zwillinge, **1972** 1.1.–10.1. Zwillinge, 11.1.–21.2. Stier, 22.2.–31.12. Zwillinge, **1973** 1.1.–1.8. Zwillinge, 2.8.–31.12. Krebs, **1974** 1.1.–7.1. Krebs, 8.1.–18.4. Zwillinge, 19.4.–31.12. Krebs, **1975** 1.1.–16.9. Krebs, 17.9.–31.12. Löwe, **1976** 1.1.–14.1. Löwe, 15.1.–4.6. Krebs, 5.6.–31.12. Löwe, **1977** 1.1.–16.11. Löwe, 17.11.–31.12. Jungfrau, **1978** 1.1.–5.1. Jungfrau, 6.1.–25.7. Löwe, 26.7.–31.12. Jungfrau, **1979** Jungfrau, **1980** 1.1.–20.9. Jungfrau, 21.9.–31.12. Waage, **1981** Waage, **1982** 1.1.–28.11. Waage, 29.11.–31.12. Skorpion, **1983** 1.1.–6.5. Skorpion, 7.5.–24.8. Waage, 25.8.–31.12. Skorpion, **1984** Skorpion, **1985** 1.1.–16.11. Skorpion, 17.11.–31.12. Schütze, **1986–1987** Schütze, **1988** 1.1.–14.2. Schütze, 15.2.–31.12. Steinbock, **1989–1990** Steinbock, **1991** 1.1.–6.2. Steinbock, 7.2.–31.12. Wassermann, **1992–1993** Wassermann, **1994** 1.1.–28.1. Wassermann, 29.1.–31.12. Fische, **1995** Fische, **1996** 1.1.–6.4. Fische, 7.4.–31.12. Widder, **1997** Widder, **1998** 1.1.–8.6. Widder, 9.6.–24.10. Stier, 25.10.–31.12. Widder, **1999** 1.1.–28.2. Widder, 1.3.–31.12. Stier, **2000** 1.1.–9.8. Stier 10.8.–15.10. Zwillinge, 16.10.–31.12. Stier, **2001** 1.1.–20.4. Stier, 21.4.–31.12. Zwillinge, **2002** Zwillinge, **2003** 1.1.–3.6. Zwillinge, 4.6.–31.12. Krebs

DIE SATURNZEICHEN DER KREBSE

Saturn im Widder – ÜBER DIE KRAFT HERRSCHEN

Saturnstärken Ehrgeizig, machtvoll, führungsbegabt, durchsetzungsstark, edel
Saturnschwächen Rechthaberisch, sarkastisch, bösartig, bissig, gemein

In Ihrem Leben geht es darum, Ihre Wildheit zu bändigen, Ihre Emotionen zu zügeln und Ihren persönlichen Willen einem höheren Ziel, einer Idee mit allgemeinem Wert unterzuordnen. Beschreiben ließe sich Saturn als »Pferdeflüsterer« und das Widderzeichen als wildes Pferd, aus dem ein edles Wesen werden soll, das seinem Reiter seine feurige Energie voll und gern zur Verfügung stellt.

Es besteht allerdings auch die Variante, die Wildheit zu brechen und sie zu unterdrücken. Das machen viele Menschen mit Saturn im Widder. Sie verdrängen und vergessen ihre Wildheit und sind schließlich im Besitz eines, um es salopp auszudrücken, alten Kleppers. Die andere Möglichkeit bedarf großer Geduld und harter Arbeit an sich selbst. Man muß die Auseinandersetzung mit dem Leben als Läuterungsprozeß begreifen und Kritik nicht als Verhinderung oder Bösartigkeit des Schicksals, sondern als einen Wink Saturns nehmen. Und es ist notwendig, Emotionen, Wünsche und Sehnsüchte zu hinterfragen und dem Prozeß der Läuterung unterzuordnen.

Saturn-Check
Wo muß ich mich Saturn beugen? Ich muß mein Feuer zähmen und Geduld lernen.
Auf welchen Wegen führt mich Saturn zum Erfolg? Durch Verhinderung, Kritik und Strafe – damit ich vollkommen werde.

Saturn im Stier – ÜBER DIE LUST HERRSCHEN

> **Saturnstärken** Beharrlichkeit, Festigkeit, Standhaftigkeit, Sparsamkeit
> **Saturnschwächen** Geiz, Gefühllosigkeit, Sturheit, Gier, Neid, Existenzangst

Menschen mit Saturn im Stier nehmen sich vom Leben mehr, als ihnen zusteht, und leiden dann unter den Folgen. Man ißt und trinkt mehr, als man verdauen kann – und nimmt zu, setzt Fett an, bekommt Bewegungsprobleme und wird unter Umständen krank. Des Mammons wegen arbeitet man mehr und härter, als einem guttut – und wird nervös, gestreßt und ist zum Schluß arbeitsunfähig. Man legt sein Geld in Geschäften an, die man nicht übersieht – und zu guter Letzt ergeht es einem wie Hans im Glück: Man besitzt gar nichts mehr.

Man lebt also über seine Verhältnisse, und das von Kindesbeinen an.
Dramatische Auseinandersetzungen mit Eltern und anderen Erwachsenen sind die Folge, wobei zunächst immer die anderen die »bösen, versagenden und mißgünstigen« Menschen sind. Aber es ist Saturn, der einem das Leben schwermacht. Er verlangt Verzicht, und das gerade dort, wo das Leben am meisten Spaß macht. Das ist ein harter, mühsamer, frustrierender Weg. Auf der anderen Seite entwickelt man auf diese Weise eine besonders feine Sinnlichkeit, wird zum Genießer der kleinen Dinge und der wirklichen Köstlichkeiten des Lebens. Auf dem Weg dorthin hält einem Saturn jedoch jede »Verfehlung« vor: Wer uneingeschränkt seiner Lust folgt, bekommt dafür früher oder später die Rechnung.

Saturn-Check
Wo muß ich mich Saturn beugen? Ich darf meiner Lust und meinen Wünschen nicht nachgeben. Auch gegenüber sämtlichen materiellen Werten – Geld und Reichtum – bedarf es Aufmerksamkeit.
Auf welchen Wegen führt mich Saturn zum Erfolg? Durch Leid, Schmerzen, Versagung und Verhinderung, unter Umständen auch durch Krankheit.

Saturn in den Zwillingen –
ÜBER DIE LEICHTFERTIGKEIT HERRSCHEN

> **Saturnstärken** Klarheit, Überblick, das Wesentliche erkennen, literarisches Geschick, geistige Wendigkeit
> **Saturnschwächen** Die Wahrheit verdrehen, Unsicherheit, Besserwisserei, Charakterschwäche

Ihre Aufgabe ist es, sich im Leben nicht zu verzetteln, die Wahrheit zu finden und nicht ihren Schein, Wissen zu erwerben, das wirklich nützlich ist. Sie gehen Ihr Lebtag lang in eine Schule, in der Sie lernen, immer besser zu werden, immer mehr Kenntnisse zu erwerben. Aber dieses »Besser« und dieses »Mehr« sind nicht einfach quantitativ gemeint. Es geht um einen großen Reifungsprozeß.

Was ist der Grund, Sie dermaßen streng zu disziplinieren? – In Ihrer Persönlichkeit findet sich ein unglaublich leichtfertiger Anteil. Aus der Sicht des (Über-)Lebens heraus braucht es daher eine andere, eben die saturnische Kraft, damit Sie sich nicht aus dieser Leichtfertigkeit heraus selbst schaden. In Ihrer Tiefenpsyche herrscht also ein berechtigter Zweifel an Ihren Kontrollfunktionen. Das ist der Grund für die Strenge Saturns. Wenn Sie mit Ihrem Saturn in den Zwillingen behutsam und richtig umgehen, dann »schleifen« Sie sich selbst, werden nicht überheblich, sondern orientieren sich an anderen und suchen sich Lehrer und Meister, die Ihnen helfen, vollkommener zu werden.

Worauf Sie noch achten müssen: Mit dieser Saturnstellung neigt man zu einsamen Entschlüssen. Sozusagen als Gegenreaktion auf die Leichtfertigkeit wird man zum Dogmatiker und Besserwisser, zu einem, der alles mit dem Kopf checkt. Eine solche Haltung entspricht nicht dem Wunsch Saturns.

Saturn-Check
Wo muß ich mich Saturn beugen? Ich muß lernen, Kritik konstruktiv zu nehmen. Ich muß über sämtliche Konsequenzen meines Verhaltens Bescheid wissen.
Auf welchen Wegen führt mich Saturn zum Erfolg? Durch Verhinderung, Mißerfolg und Demütigung.

Saturn im Krebs – ÜBER DIE GEFÜHLE HERRSCHEN

> **Saturnstärken** Selbstbeherrschung, seine Gefühle im Griff haben, zum Kern vordringen, Distanz, Wahrhaftigkeit, Zuverlässigkeit
> **Saturnschwächen** Gefühlskälte, Rückzug, Mißtrauen, Pessimismus

Ihr Saturn hat Sie auf eine besondere Lebensreise geschickt: Aus einem Wesen, das seinen Gefühlen und Instinkten folgt, soll ein Mensch werden, der sein Leben nach Einsicht, Wahrheit und höherem Wissen steuert. Der Weg ist überaus schwierig und schmerzlich. Saturn hat Ihnen nämlich Angst vor dem Glück und sogar vor der Liebe eingepflanzt. Als wäre es für Sie verboten, Zufriedenheit zu kosten. Als müßten Sie immer wieder die Erfahrung machen, daß das Leben bitter ist.
Woher kommen diese Ängste? – Ihre Psyche ist geprägt von traumatischen Erfahrungen. Es kann sein, daß diese Erfahrungen aus früheren Leben stammen. Es ist aber genauso möglich, daß Sie mit bestimmten existentiellen Erfahrungen Ihrer Ahnen verbunden sind. Jedenfalls lebt in Ihnen die Angst fort, Ihre Gefühle könnten mißbraucht werden, so wie es schon einmal geschehen ist. Deswegen mißtraut Saturn grundsätzlich allen Gefühlen. Es ist reiner Schutz. Sie sollen über die Gefühle hinauswachsen, unabhängig und frei von ihnen werden. Aber Sie dürfen Saturn auch nicht zum Alleinherrscher über Ihr Leben erheben und grundsätzlich vor Gefühlen davonlaufen. Sie sollen klüger, erfahrener ins Leben treten, damit Ihnen nichts Schlechtes widerfährt. Ziel Ihres Lebens ist, Ihre Vergangenheit zu überwinden, nicht vor ihr zu kapitulieren. Stellen Sie sich Ihren Gefühlen! Sie sind kein Kind mehr, das man verletzen kann. Sie sind eine erwachsene, starke Person!

Saturn-Check
Wo muß ich mich Saturn beugen? Ich muß lernen, über meine Gefühle hinauszuwachsen.
Auf welchen Wegen führt mich Saturn zum Erfolg? Durch Angst, Schmerzen, Versagung und Leid.

Saturn im Löwen – ÜBER DAS EGO HERRSCHEN

> **Saturnstärken** Selbstbeherrscht, erhaben, edel, vollendet sein
> **Saturnschwächen** Arrogant, selbstherrlich sein

Mit Saturn im Löwen ist man dafür bestimmt, das Höchste anzustreben – und muß doch immer wieder die Erfahrung machen, ganz unten zu sein. Diese Saturnposition schmiedet Menschen, die Ruhm und Ehren erwerben, Meister und Führungspersönlichkeiten. Aber der Weg dorthin ist beschwerlich; es muß viel erduldet, durchgemacht und verstanden werden. Das Leben pendelt zwischen Macht und Ohnmacht, zwischen Stolz und Scham hin und her. Allmählich entwickelt man Angst vor Macht, Verantwortung und Erfolg – und wird doch auch regelrecht davon angezogen.

Saturn im Löwen kann mit der Zeit zu Unlust dem Leben gegenüber führen. Dagegen muß man dann selbst »zu Felde ziehen«. Zuvor braucht es die Einsicht, was Saturn eigentlich bezwecken möchte. Diese Saturnposition ist die Folge von Machtmißbrauch. Vielleicht hat man in einem früheren Leben versagt, die Verantwortung nicht übernommen. Vielleicht trägt man aber auch an einer Schuld der eigenen Ahnen.

Saturn im Löwen »erzieht« einen dazu, sein Wirken, sein Verhalten und Sein zu überdenken und hinsichtlich sämtlicher Konsequenzen zu verantworten. Dazu gehört im besonderen das Verhalten als Vater bzw. Mutter den eigenen Kindern gegenüber. Man muß die Verantwortung selbst dann übernehmen, wenn man nach gängiger Meinung davon freigesprochen wird, wie zum Beispiel bei einer Krankheit oder einem Unfall.

Saturn-Check
Wo muß ich mich Saturn beugen? Ich muß lernen, Verantwortung zu übernehmen.
Auf welchen Wegen führt mich Saturn zum Erfolg? Er behindert mich, ich werde gedemütigt, kritisiert.

Saturn in der Jungfrau –
ÜBER DEN KÖRPER HERRSCHEN

Saturnstärken Treue, Anhänglichkeit, Arbeitseifer, Selbstkontrolle, Genügsamkeit
Saturnschwächen Ernst, Pedanterie, Kritiksucht

Wenn sich Saturn in der Jungfrau niederläßt, trifft Kontrolle auf Kontrolle. Denn allein das Zeichen Jungfrau bedeutet, daß man seine Gefühle, seine Triebe, seinen Sex, seinen gesamten Körper im Griff hat. Wenn dann Saturn noch hinzukommt, verdoppelt sich die vorsichtige und kritische Einstellung. Bei dermaßen viel Skepsis muß in der Vergangenheit (in einem früheren Leben, in der eigenen Ahnenreihe) etwas geschehen sein, das große Angst hervorgerufen hat: Angst vor Sexualität und dem damit verbundenen Akt der Zeugung, Angst vor Schwangerschaft und Geburt. Saturn in der Jungfrau verweist auf ein »Versagen« in diesem Bereich: Vielleicht mußte eine Schwangerschaft abgebrochen werden, möglicherweise kam ein Kind tot zur Welt, oder beide, Mutter und Kind, kamen zu Tode.
Saturn in der Jungfrau schiebt jetzt einen Riegel vor Sex und Zeugung, blockiert die Gefühle, verringert die Lust, versucht, aus dem »Tiermenschen« mit seiner Abhängigkeit von Lust und Trieben einen Homo sapiens im wahrsten Sinne des Wortes, einen »weisen« Menschen, zu machen. Saturn verhindert also und weckt zugleich die Sehnsucht, das Körperhafte des Lebens zu transformieren, ein Wesen zu sein, dessen Energie nicht den Lenden, sondern dem Geist entspringt. Das heißt beileibe nicht, gleich in ein Kloster zu ziehen. Aber sich mit diesem Thema auseinanderzusetzen, das bleibt niemandem erspart, der Saturn in der Jungfrau hat.

Saturn-Check
Wo muß ich mich Saturn beugen? Ich muß lernen, meine Lust zu kontrollieren.
Auf welchen Wegen führt mich Saturn zum Erfolg? Durch Versagen, Enttäuschung, Krankheit und – last, not least – Einsicht.

Saturn in der Waage – ÜBER DIE LIEBE HERRSCHEN

> **Saturnstärken** Gerechtigkeitssinn, Ausgewogenheit,
> wahrhaftig lieben können
> **Saturnschwächen** Disharmonie, Unzufriedenheit,
> Gefühlskälte, Einsamkeit

Saturn in der Waage bedeutet die lebenslange Aufforderung, nach der »richtigen, wahren« Liebe zu suchen. Ihr gilt das ganze Sehnen und Streben. Um sie zu finden, müssen jede Menge Enttäuschungen verkraftet werden. Denn was man für Liebe hält – den Rausch der Sinne, überwältigende Gefühle, Herz und Schmerz –, hat vor Saturn noch lange keinen Bestand. In seinen Augen heißt Liebe, daß sich ich und du, der eine und der andere, gleichwertig gegenübertreten. Niemand ist kleiner oder größer, gescheiter oder dümmer, wichtiger oder unbedeutender, reifer oder naiver. Das klingt einfach und ganz selbstverständlich, ist es aber nicht. Menschen haben von Natur aus das Bestreben, sich selbst zu verwirklichen, andere (und dazu zählen auch Partner) hingegen hintanzustellen. Darüber hinaus besteht Saturn auf Zuverlässigkeit. Vor ihm zählt noch das »eherne Gesetz«: »... bis daß der Tod uns scheidet!«

Es müssen gravierende Dinge geschehen sein (in einem früheren Leben, in der Ahnenreihe), daß jetzt Saturn persönlich über die Liebe wacht. Es kam zu unwürdigem Verhalten. Jemand wurde im Stich gelassen. Die Liebe wurde verraten. Herzen wurden gebrochen ... Jetzt »zahlen« Sie dafür. Aber es ist keine Rache oder Strafe. Saturn macht sich stark, damit Sie die gleichen Fehler vermeiden. Er bringt Sie auf den Weg, und er läßt Sie leiden, solange Sie nicht angekommen sind.

Saturn-Check
Wo muß ich mich Saturn beugen? Ich muß lernen, verbindlich zu sein.
Auf welchen Wegen führt mich Saturn zum Erfolg? Durch »falsche« Liebe, Liebeskummer und Alleinsein.

Saturn im Skorpion –
ÜBER DIE VERGÄNGLICHKEIT HERRSCHEN

> **Saturnstärken** Tiefe, Zugehörigkeit, Willenskraft, Verbundenheit mit den Ahnen
> **Saturnschwächen** Engstirnigkeit, Fanatismus

Saturn im Skorpion verweist auf tragische, leidvolle Erfahrungen. Könnte man sein Leben rückwärts ablaufen lassen, so würden rasch Szenen auftauchen, in denen man auf der Flucht, vertrieben, ohne Heimat, ohne Zugehörigkeit, ohne Familie ist. Auch bei den Ahnen, den Eltern, Großeltern und noch weiter zurück herrschen diese Themen vor. Man hat keine richtigen Wurzeln, kein Erbe, das man übernehmen, keine Fußstapfen, in die man treten kann. Wenn man zurückschaut, finden sich Leben ohne Glanz, ohne Würde, ohne Höhepunkte. Daher drängt einen Saturn mit aller Macht dazu, seinem Leben einen Wert zu verleihen. Denn das Gefühl, daß die eigenen Ahnen ein würdeloses Leben führen mußten, formt sich in den Seelen der Nachkommen zu einem großen, mächtigen Anspruch, es besser zu machen, den Gipfel zu ersteigen.

Saturn im Skorpion veranlaßt einen, die dünnen Fäden aus der Vergangenheit aufzuspüren und im Laufe des Lebens ein Netz daraus zu knüpfen – um so wieder einen Halt zu finden. In der Weise, wie man sich umdreht und vor der Vergangenheit verneigt, bekommt man eine Verbindung zu den Ahnen und der eigenen Vergangenheit und erhält Kraft und Wissen. Das ist der »Dank der Ahnen«. Weil man sich ihrer annimmt, erfährt man ihren Schutz, steht nie allein im Leben. Hinter einem steht die Kraft der Vergangenheit.

Saturn-Check
Wo muß ich mich Saturn beugen? Ich muß mich vor der Vergangenheit verneigen.
Auf welchen Wegen führt mich Saturn zum Erfolg? Durch hohe Ansprüche an mich selbst und mein Leben.

Saturn im Schützen –
ÜBER WAHRHEIT UND WISSEN HERRSCHEN

Saturnstärken Pioniergeist, Mut, Weisheit, Stärke, Wahrhaftigkeit
Saturnschwächen Dünkel, Zynismus, Grausamkeit

Saturn im Schützen bedeutet eine Reise zu sich selbst. Es ist, als würde dieser Planet zu einem sagen: »Such deinen eigenen Weg! Laß dich nicht von anderen beeinflussen. Hör nur auf dich ...!« Diese starke Hinwendung zu sich selbst und gleichzeitige Abkehr von anderen beruht auf einer Reihe großer Enttäuschungen in der Vergangenheit (der eigenen bzw. derjenigen der Ahnen), bei denen der Glauben an andere Menschen verlorenging: Vielleicht versagte ein Arzt, es unterlief ihm ein Fehler, oder er gab sich zuwenig Mühe. Vielleicht wurde man auch in seinem Glauben zutiefst erschüttert, weil »Gott« etwas Schreckliches zuließ, einem nicht beistand. Es gehört auch zur Vergangenheit von Menschen mit Saturn im Schützen, daß man – um zu überleben – seinem Glauben abschwören mußte. Jedenfalls bestand am Anfang eine große Hoffnung, die schließlich in eine große Enttäuschung mündete.

Mit Saturn im Schützen hat man einen Vertrauten an seiner Seite, einen, der hilft, derartige Enttäuschungen zu vermeiden. Mit diesem Saturn ist man von vornherein skeptisch. Man kommt bereits mit Mißtrauen auf die Welt, und im Laufe der Jahre gewöhnt man sich immer stärker daran, alles in Frage zu stellen. Man wird ein Mensch, der zwischen Illusion und Wahrheit genau unterscheiden kann. Man wird weise.

Saturn-Check
Wo muß ich mich Saturn beugen? Ich muß lernen, mir selbst immer mehr zu vertrauen.
Auf welchen Wegen führt mich Saturn zum Erfolg? Durch Enttäuschungen, Fehlschläge und Irrwege.

Saturn im Steinbock – ÜBER SICH HERRSCHEN

> **Saturnstärken** Klarheit, Standhaftigkeit, Verantwortlichkeit, Führungskompetenz, Selbstbeherrschung
> **Saturnschwächen** Kälte, Rücksichtslosigkeit, Einsamkeit

Mit dieser Position besitzt man einen besonders mächtigen Saturn. Das beruht darauf, daß er der regierende Planet des Tierkreiszeichens Steinbock ist. Man sagt, er sei dort zu Hause und könne sich gut entfalten, seine Kraft verdoppelt sich im Steinbock. Auf der einen Seite führt das dazu, daß Sie kontinuierlich an einer Lebensaufgabe arbeiten. Sie lautet: etwas Großes im Leben vollbringen! Auf der anderen Seite führt diese doppelte Saturnkontrolle dazu, sich selbst zu mißtrauen: Sie haben Angst vor sich selbst, Ihren Gefühlen, Ihren Absichten, Ihrem Tun.

Diese Angst hat ihre Wurzeln in der Vergangenheit (in einem früheren Leben, im Leben Ihrer Ahnen), in der Sie bzw. Ihre Vorfahren ausgenutzt, manipuliert oder sogar mißbraucht wurden. Zu denken ist auch an Verführung oder gewalttätigen Mißbrauch von Kindern, wohl die verwerflichste Untat. Irgend etwas dieser Art ist geschehen, daß Sie sich heute nicht mehr selbst vertrauen. Für Sie sind Menschen gefährlich, unberechenbar, zu allem fähig.

In der Weise, wie Sie älter werden und sich selbst beweisen, daß das Leben, Sie, die anderen berechenbar sind, werden Sie neues Vertrauen schöpfen. Sie werden neue Gefühle entdecken, Gefühle, die weniger aus dem Bauch, sondern aus dem Herzen kommen. Sie können lieben und mit anderen Menschen zusammensein. Aber Sie können auch allein sein. Sie sind unabhängig, selbständig, und Ihr Leben wird getragen von Stimmigkeit und Zufriedenheit.

Saturn-Check
Wo muß ich mich Saturn beugen? Ich muß lernen, Herr meiner selbst zu sein.
Auf welchen Wegen führt mich Saturn zum Erfolg? Durch Angst, Vorsicht, Enttäuschung.

Saturn im Wassermann – ÜBER DAS CHAOS HERRSCHEN

Saturnstärken Individualität, Erfindertum, Menschlichkeit
Saturnschwächen Chaotisch, verwirrt und verrückt sein,
Hochstapelei

Menschen mit Saturn im Wassermann suchen etwas besonders Wertvolles im Leben, nämlich Individualität. Individualität ist kostbar. Zwar sagt man leicht dahin, jeder sei ein Individuum. Aber das ist hier nicht gemeint. Ein Individuum in diesem Sinne besitzt einen ganz eigenen Charakter, etwas völlig Besonderes und Einmaliges. Dadurch unterscheidet sich der einzelne von allen anderen Menschen, vergleichbar einem einzeln stehenden Baum in einer Landschaft.
Dieser Wunsch nach Individualität ist uralt. Sie tragen ihn schon lange (viele Leben, durch Generationen hindurch) mit sich herum. Sie sind aus der Gesellschaft ausgebrochen, haben Ihre Familie verlassen – immer auf der Suche nach Freiheit, nach Individualität. Sie haben Menschen mit anderem Glauben, aus anderen Ländern und aus anderen sozialen Schichten geliebt. Kinder kamen, noch bevor ein längeres Zusammenleben überhaupt zur Diskussion stand. Sie selbst entstammen letztendlich einer derartigen »Augenblicksverbindung«. Sie verdanken Ihr Leben einem »Zufall«, einer Laune des Lebens und der Spontaneität und Freiheit Ihrer Vergangenheit.
Aber Sie waren auch blind und unwissend und erlebten daher grandiose Irrungen und Verwirrungen. Sie erlitten die große Angst vor dem Chaos, vor einem Sein ohne Ordnung und Sicherheit. Sie wurden ausgestoßen und verbannt, verjagt und geächtet. – Jetzt begleitet Sie Saturn. Sie werden Ihr freies Leben fortführen und sich dabei immer sicherer am Chaos vorbeimanövrieren.

Saturn-Check
Wo muß ich mich Saturn beugen? Ich muß lernen, meine Individualität zu leben, ohne im Chaos unterzugehen.
Auf welchen Wegen führt mich Saturn zum Erfolg? Durch Reinfall, Bruchlandung und Fehlentscheidung.

Saturn in den Fischen –
SEIN MITGEFÜHL BEHERRSCHEN

Saturnstärken Toleranz, Opferbereitschaft, Weitblick, Visionen
Saturnschwächen Ich-Schwäche, Isolation, Selbstzweifel

Saturn in den Fischen bedeutet ein Geheimnis. Wie im Märchen wird Ihnen aufgetragen, sich auf eine Reise zu begeben. Wohin? Vielleicht zum Ende des goldenen Regenbogens. Oder ans Ende der Welt. Oder nirgendwohin. Mit Saturn in den Fischen ist einem zwar ein Geheimnis in die Wiege gelegt – aber mehr weiß man nicht. Das Geheimnis hat damit zu tun, daß in Ihrer Vergangenheit (in einem früheren Leben, in Ihrer Ahnenreihe) jemand verschwiegen wurde: ein Kind, eine andere Frau, der richtige Vater ... Dieses verleugnete, verschwiegene, verheimlichte Leben fehlt jetzt Ihrer Seele, und sie sucht danach, ohne daß Sie es selbst bewußt wahrnehmen.
In Ihrer Vergangenheit existieren solche Geschehnisse. Von daher haben Sie ein besonderes »Organ« für Unrecht und Lüge. Wo immer in dieser Welt Unrecht geschieht, leiden Sie mit. Jedes Leid zieht Sie regelrecht an. Aber das hat auch fatale Folgen für die Liebe. Sie neigen dazu, sich einen Partner zu suchen, der ganz besonders der Liebe bedarf, weil er unglücklich ist. Dann können Sie ihm – so glauben Sie zumindest – all das angedeihen lassen, was in der Vergangenheit nicht geschehen ist: grenzenlose Liebe. Sie nehmen ihn an. Sie sind für ihn da. Sie verstoßen ihn nicht.
Aber das ist der falsche Weg. Sie müssen mit der Vergangenheit fertig werden und sie nicht ständig vor sich hertragen. So wiederholen Sie Ihr Karma nur. Sie müssen nicht aufhören, andere zu lieben. Aber Sie dürfen das rechte Maß nicht aus dem Auge verlieren.

Saturn-Check
Wo muß ich mich Saturn beugen? Ich muß mich mit meiner Vergangenheit auseinandersetzen.
Auf welchen Wegen führt mich Saturn zum Erfolg? Durch Desillusionierung und Enttäuschung.

Schon immer suchte der Mensch einen Halt bei den Sternen

Info:
IHR PROFESSIONELL ERRECHNETES HOROSKOP

Im Computerzeitalter ist es ein leichtes, die exakte Horoskopzeichnung eines Menschen in Sekundenschnelle anzufertigen, wenn man die dazu erforderlichen Daten (siehe unten) eingegeben hat. Es dauert auch nicht lange, bis der Rechner dann die entsprechenden Deutungen aus Textbausteinen zusammenstellt. Daher gibt es inzwischen zahlreiche Anbieter, bei denen Sie mehr oder weniger preisgünstig Horoskope mit und ohne Interpretation erhalten können.

Beim Verfasser dieses Buches kann man gegen Vorauszahlung von 20,– DM/10,– Euro (in bar oder als Scheck; ab 2002 bitte in Euro) ein Geburtshoroskop (nur Zeichnung) bestellen. Bitte Name, Adresse, Geburtstag, Geburtszeit (gegebenenfalls beim Standesamt des Geburtsortes erfragen) und Geburtsort (bei kleineren Orten auch zusätzlich die nächste größere Stadt) angeben.

Wenn Sie möchten, können Sie hier auch eine vom Computer erstellte Persönlichkeitsanalyse anfordern. Der Preis für die etwa zwanzig Seiten umfassende Interpretation beträgt 60,– DM/30,– Euro inklusive Horoskop.

Sie können ebenso eine vom Computer berechnete Jahresprognose bestellen. Die kleine Vorausschau (zirka 15 Seiten, nur langsam laufende Planeten) kostet 60,– DM/30,– Euro. Die große Vorausschau (etwa 50 Seiten mit Merkur, Venus und Mars) kostet 80,– DM/40,– Euro (bitte Zeitraum angeben).

Sie haben dann eine zuverlässige Vergleichsmöglichkeit und können Ihre ganz individuellen Prognosen mit Büchern wie diesem abstimmen.

Die Adresse:

Erich Bauer
Postfach 22 11 15

80501 München